Anne-Charlotte De Langhe

PETIT DICTIONNAIRE ÉNERVÉ DE LA MATERNITÉ

Les Éditions de l'**Opportun**

16, rue Dupetit-Thouars 75003 PARIS

Directeur de collection
Stéphane Chabenat

Suivi éditorial
Clotilde Alaguillaume

Illustration de couverture
Stéphane Humbert-Basset

Maquette couverture
Philippe Marchand

Mise en page
Emmanuelle Noël

Imprimé en Europe

ISBN : 978 2 36075 136 5

Dépôt légal : avril 2012

À ma mère et à mes enfants,
qui m'ont tout appris.

ABNÉGATION

Pouvoirs magiques

C'est fou cette propension qu'on a à se foutre de tout ce qui nous incommodait avant. Respirer les selles de son enfant (et exclusivement celles de son enfant), éponger du vomi, ramasser à la main quelques crottes libérées dans le bain, vider des narines à main nue… Sans jamais se poser la question de savoir si c'est dégueulasse ou non. Comme si c'était normal. Animal, mais normal. Bienvenue chez les mammifères !

ACCOUCHEMENT

La vie en mode push

Sprint final clôturant neuf mois de course de fond et présentant autant de variantes qu'il existe d'utérus dans le monde. Autant dire une infinité. Aussi nous limiterons-nous aux cinq formes de délivrance suivantes, les plus fréquemment rencontrées.

Scénario 1 : l'accouchement de rêve

Après pile une heure de contractions toutes les trois minutes, Bertille a pris le temps de prendre une douche chaude et de se faire un brushing. Édouard vient justement de rentrer du boulot, où son boss lui a annoncé qu'il serait augmenté à son retour de congé paternité. Comme on est jeudi et qu'il fait beau (mais pas trop chaud), ça roule bien. Il y a même une place devant la maternité ! La sage-femme qui va accoucher Bertille se prénomme Paule ; elle s'apprête à faire naître le millième bébé de sa carrière. « Dilatée à quatre », la jeune (et belle) maman a droit illico à sa péridurale, qu'elle dose grâce à un bouton-pompe. Elle sent tout mais n'a pas mal. En attendant que ça passe, elle lit Proust et envoie des SMS à sa meilleure copine, pendant qu'Édouard feuillette *Propriétés de France.* Cinq, six, sept, huit, neuf, dix centimètres… En un souffle, Bertille pousse exactement comme on le lui a appris au cours de préparation. Les séances en piscine ont aussi bien aidé. Brumisateur à la main, Édouard joue son rôle à la perfection. Un champ chirurgical le sépare pudiquement de l'entrecuisse de sa chère et tendre, dont le mascara waterproof et la nuisette en lin et coton d'Égypte n'ont pas à souffrir de l'effort fourni. « C'est génial, ce que vous faites, madame. C'est génial ! » Une dernière poussée indolore et l'enfant paraît, immaculé. C'est un garçon. C'est ce qu'ils voulaient. « Alors, on l'appelle comment ce p'tit bout ? », demande Paule. « Bienvenu », répondent en chœur les heureux parents, frais comme au premier jour.

Scénario 2 : l'accouchement never again

Bernadette aurait dû accoucher le 16 et nous sommes le 24. Grasse comme un loukoum, incapable de marcher plus loin que le primeur à cause de ses problèmes de rétention d'eau, la future accouchée rejoue À *bout de souffle* seule dans son deux pièces. À J+8, il est temps pour elle de « dépoter le géranium », comme dit son oncle Fernand. Et tant pis si Ludo n'est pas de la partie pour cause de concours de crapette dans l'arrière-salle du Balto. « Pars devant, j'te r'joins ! » lui dit-il. Valise à la main (la roulette gauche a rendu l'âme), Bernadette se traîne jusqu'à l'arrêt du 52. Week-end de Pâques oblige, les bus – déjà bondés – se font rares. Son état critique et sa respiration de génisse asthmatique justifient néanmoins qu'on lui offre une place assise. À la maternité, on l'installe dans la salle de travail baptisée « Galapagos » (juste à côté de la « Seychelles », où Bertille avait fait un arrêt express). « Oh là, là, mais vous êtes dilatée à six ! Et la poche des eaux est fissurée ! » s'alarme l'élève sage-femme qui s'occupe d'elle. Elle s'appelle Nadège et porte des sandales en plastique orange fluo à trous. Bernadette peut faire une croix sur la péridurale. Officiellement, « l'anesthésiste a eu une urgence » ; officieusement, il planque les œufs dans le jardin pour ses gosses, déguisé en lapin géant. « On fera tout pour vous soulager », promet Nadège. Au même moment, Ludo quitte le Balto, plumé comme une oie. Au rez-de-chaussée de la maternité, il cogne à toutes les portes sans trop savoir où aller. Une étudiante sage-femme finit par l'alpaguer (en douceur, comme le font toutes les étudiantes sages-femmes) et le conduit dans la salle de naissance « Brontosaure ». Essoufflé, il retrouve une Nadège non moins haletante, semblant souffrir le martyre. Il lui demande « Ça va? » ; elle répond « À ton avis ? » La poche des eaux se rompt ; les mocassins en nubuck de Ludo ne sont plus. La sage-femme intime l'ordre à Bernadette de pousser en retenant sa respiration, mais elle hurle. « Vous faites n'importe quoi ! » s'agace-t-on entre ses cuisses. Trois heures et un brumisateur plus tard, le bébé de sexe masculin est extirpé aux forceps. « Alors, on l'appelle comment ce p'tit bout ? » demande Nadège. « Dylan ! » s'exclame Ludo. Bernadette préférait Brandon. Mais elle n'a même plus la force de le dire.

Scénario 3 : l'accouchement formule 1

- 10 h 03 : Bérangère contracte comme une bête. Elle est dans les starting-blocks.
- 10 h 10 : Jean-Loup fait chauffer le moteur de la Simca.
- 10 h 17 : six points en moins sur son permis, Jean-Loup arrive en dérapage contrôlé devant la mater.
- 10 h 25 : check-list aux admissions ? OK ! Bérangère a les pieds sur les étriers.
- 10 h 54 : poche des eaux rompue. Le bébé met le turbo.
- 11 h 18 : Bérangère en a vu d'autres ; son utérus tout entier est en pilote automatique.
- 11 h 27 : le bébé sort en ligne droite. Cri de victoire des parents.
- 11 h 30 : déjà au sein, Ayrton gloutonne.
- 11 h 42 : premier rot. L'équipe médicale fait la ola.

> Trois heures et un brumisateur plus tard, le bébé de sexe masculin est extirpé aux forceps. "Alors, on l'appelle comment ce p'tit bout ?" demande Nadège. "Dylan !" s'exclame Ludo. Bernadette préférait Brandon. Mais elle n'a même plus la force de le dire.

Scénario 4 : l'accouchement spectacle

Francis se l'est juré, il ne loupera pas une miette de l'accouchement de Jessica. Elle-même a fait de sa grossesse un événement de taille, à deux doigts (façon de parler) d'espérer que les films de ses échographies puissent être retenus dans la sélection officielle du prochain festival de Cannes. Manque de bol, nous sommes en novembre, ce qui fait un peu juste pour la palme. Mais dans son sac, entre culottes-filets taille unique et bodies immaculés, une batterie de Caméscope attend sagement son tour. Françis est déjà un pro du montage, lui qui s'appliqua ces derniers mois à poster sur le Net des vidéos de la grossesse évolutive de sa geek primipare. Tout son carnet d'adresses outlook ne reçut-il pas, en guise de faire-part de grossesse, la courbe de température de ladite Jess ? En salle de naissance, la future mère elle-même n'a d'yeux que pour son smartphone. Avec une agilité déroutante, elle SMS sa copine Flora, animatrice à la MJC de Bourg-en-Bresse. « G envi 2 pi7 », écrit-elle. « G mal o Q. Zarb, 1 ? » Toujours aussi curieux de l'anatomie féminine, Françis, lui, a pris place derrière la sage-femme, reflex numérique autour du cou et caméra miniature à bout de bras. Dans le couloir, belle-maman attend le signal pour alerter les réseaux sociaux. À trois – un… deux… trois… – « on pousse, madame ! Allez, on pousse ! » Jessica expire ; Françis mitraille. « Relève un peu ta charlotte, là, Jess ! J'te vois pas ! » Bonnet en papier-tissu enfoncé jusque sur la paupière gauche, la future accouchée a tout d'un Albator au féminin. « Allez… encore une fois… ! ON POUS-SE ! » Derrière la porte, belle-maman – rejointe depuis quelques minutes par le cousin Florian – commence à trouver le temps long. Elle entrebâille la porte, tend son téléphone, immortalise l'instant, twitte aussi sec. Françis, gêné par l'équipe médicale qui s'échine à bien faire (le bébé voit le bout du tunnel), dégaine le Caméscope. « Vas-y, ma puce ! – Tu filmes, hein ? » entend-on dans un râle. « Encore une fois… ouiiiii, c'est bien… Et voilà ! » Mouvement de recul chez Françis, qui n'en croit pas son viseur. Sur la couveuse, le reflex est déjà en mode minuteur. Clic-clac ! Sur une même photo, la famille est réunie : Jessica, Françis, Paolo… et belle-maman, vexée d'être arrivée trop tard pour couper le cordon.

Scénario 5 : l'accouchement do-it-yourself

Mado avait lu ça dans *Le monde est bio* : rien de tel pour naître mère que d'accoucher chez soi, loin de tout environnement médicalisé. Longtemps influencée par ses copines du cours de yoga bikram, elle avait hésité entre ça et l'accouchement en bassin d'eau de pluie. La version « service à domicile » l'avait finalement emporté, ne serait-ce que parce que Sylvian bosse de la maison (il dessine des lunettes de WC en free-lance) et que c'était quand même « vachement plus simple » pour lui. Sans doute ignorait-il qu'il devrait à ce point faire preuve d'endurance, le jour J venu.

- 6 h 12 : même pas le temps de se faire une infusion des Marmottes, Mado a le ventre tendu comme une panse de brebis farcie. Sylvian est descendu à la cabine téléphonique appeler Josefa, la doula qui suit Mado depuis le cinquième mois. Le premier train reliant Eaubonne à Paris vient de lui passer sous le nez ; le prochain est à 6 h 21. Juste le temps de refaire sa grosse tresse sur le quai et de l'enfouir sous un bonnet péruvien.

- 6 h 34 : Josefa ne devrait plus tarder. En attendant, Mado a déjà enfourché son ballon jaune, pour soulager son dos et son bassin. Elle a ôté son pantalon en lin bayadère ; ne lui reste plus que sa tunique à col Mao et son shorty distendu par neuf mois de gestation. Une vieille chaîne hi-fi crache quelques notes de musique thaï. On souffre en silence ou presque. « Et si je monte le son, c'est mieux ? » demande Sylvian, qui se fait rabrouer d'un « Nooooonnnn… » guttural.
- 6 h 45 : « Ding-dong ! » Crachant ses poumons, Josefa est venue à bout des six étages sans ascenseur qui conduisent au studio des futurs parents. Le jour se lève. Sylvian fume une roulée à la fenêtre de la cuisine (qui est aussi celle du salon) ; Mado expire bruyamment, tout juste capable d'articuler un « B'jour » à l'adresse de sa doula, qui vient de troquer son bonnet péruvien contre un turban froissé acheté passage Brady. Elle se veut rassurante pour la jeune femme, qui – même si elle ne regrette rien – en bave un max. « Maintenant que je suis là, Mado, on va TOUT faire pour que ce bébé naisse le plus sereinement du monde… Allez ! On fait le dinosaure ? » (Encore) pleine de bonne

volonté, Mado s'exécute et reproduit consciencieusement les diverses positions de relaxation que lui a apprises Josefa. Mutique, Sylvian observe la scène avec compassion. « Qu'est-ce qu'il faut chaud dans cette pièce ! » se plaint-il alors.

- 8 h 00 : voilà plus d'une heure que Mado gesticule tel un culbuto en quête d'une position idéale. Entre-temps, les coussins mous du canapé, le plaid molletonné patchwork et même la doudoune de Sylvian sont descendus d'un cran, rejoignant au sol le tapis usé sur lequel Josefa a préparé « la couche » de la parturiente. Assis derrière sa compagne sur un pouf marocain, le jeune homme – torse nu – l'enlace tendrement et suit les directives de la doula. « Voilà… Vous êtes là… avec elle… Vous êtes le papa… C'est formidable… Basculez légèrement en arrière… Très bien… Mado, ouvrez le bassin… C'est super. Vous allez voir : il va être beau, ce bébé ! »
- 11 h 30 : beau, peut-être, mais long à la détente. En nage après cinq heures ou presque de contractions, Mado commence à rêver de sa mini-piscine d'eau de pluie, elle qui – les fesses à l'air et le ballon sous les genoux – ne dissimule plus sa douleur. « On va fermer les rideaux, hein, on sera plus au frais ! » suggère une Josefa à court d'arguments. Son turban, lui aussi, vire à la serpillère mal essorée.

- 12 h 23 : un gant jetable à deux doigts sur la main, la chaperonne d'utérus part en quête d'indices susceptibles d'écourter le calvaire de Mado. « Dilatation à cinq… C'est bien ! On a déjà fait la moitié du chemin ! » La maman frôle l'hypoglycémie ; tuerait pour une clope.
- 13 h 06 : six centimètres.
- 13 h 54 : huit centimètres.
- 14 h 41 : neuf centimètres. Quatrième tisane pour Sylvian.
- 15 h 02 : « Bon… ben on va pousser ! Sylvian, tu te remets derrière elle ? » Le garçon interrompt son travail – le croquis d'une lunette à double fond permettant d'apercevoir un fœtus turquoise en transparence – et se colle façon limace à Mado, qui, elle, n'est plus qu'une loque aux cheveux perlant la sueur.
- 15 h 03 : « Tu sens la contraction, là ? (question bête)… Allez ! » Cri d'orfraie. « Oublie ta douleur… Pense à ton bébé, Mado… Sylvian, éponge-la ! Bon… on y retourne ! Encore ! » Cochon qu'on égorge.
- 15 h 18 : pause tisane pour Sylvian, décidément à la bourre sur ses dessins, qui quitte son poste de vigie.
- 15 h 23 : dernier cri de guerre, puis cri de victoire pour Josefa. « Et voilà… !! » Cordon coupé. Emmaillotage

du gamin. Peau à peau illico. Bébé au sein. Bienvenue Victoire ! Et une tisane pour fêter ça.

> 12 h 23 : un gant jetable à deux doigts sur la main, la chaperonne d'utérus part en quête d'indices susceptibles d'écourter le calvaire de Mado. "Dilatation à cinq... C'est bien ! On a déjà fait la moitié du chemin !" La maman frôle l'hypoglycémie ; tuerait pour une clope.

ALITÉE

Coucouche panier

Il y a les mobiles, les épanouies, les véloces, celles montées sur ressorts ou les poissons dans l'eau. Et puis il y a les autres. Celles auxquelles on dit, après trois mois de gestation voire moins, qu'elles sont

bonnes pour la camisole domestique, le gnouf en liberté surveillé, l'assignation à résidence. Inutile de cumuler vacances + RTT + plan épargne temps + congé mat : c'est open bar sur les congés. Le ventre à peine rebondi voilà qu'elles rangent leurs crayons et déclenchent la fonction « Absence du bureau » sur l'ordi, direction la couette ! Le monde entier les envie ; elles ignorent qu'on les considère comme des fumistes toutes catégories.
Ainsi vont-elles pourvoir couver en paix, entre plaids et oreillers, boîte de caramels mous et revues débilitantes. Interdiction de bouger sauf pour faire pipi et se laver les dents. Régulièrement, une voisine dévouée les approvisionne en bons petits plats lyophilisés et soupes instantanées (elles adorent !). Sur la couche nuptiale s'entassent kit de manucure-pédicure, manuel de point de croix, aiguilles à tricoter (c'est tellement bon de s'y remettre !), catalogues divers et DVD jamais visionnés. LE PIED !
Au bout d'un mois de glande forcée, c'est déjà beaucoup moins funky. La simple vision d'une Bolo Pasta Cup leur donne des haut-le-cœur et elles trouvent au point mousse un côté totalement has been. Quant à la méthode d'apprentissage de l'ouzbek à distance, téléchargée sur le Net le mois dernier, est-ce vraiment si utile ? Appelées à la rescousse pour quelques séances de papotage divertissant, les copines elles-mêmes sont lasses de devoir squatter un bout de lit pour deviser de tout et de rien dans les

fumets d'une vieille soupe poireau-pomme de terre et de yaourt fraise. La punition, pourtant, ne fait que commencer…

ALLAITEMENT

Une sensation pure

Ou plutôt : pourquoi les mères qui allaitent sont de BONNES mères et celles qui n'allaitent pas des mères INDIGNES.

Les BONNES mères sont celles qui, dès le premier cours de préparation à l'accouchement, vautrées à la fois dans l'épanouissement le plus total et sur des matelas en Sky bleu électrique, lèvent la main à la question de la sage-femme : « Lesquelles, parmi vous, comptent allaiter leur enfant ? » Futures membres du CTC (Club du téton crevassé), elles sont incollables sur la genèse de la Leche League et se sont déjà promis de tenir bon parce que « le lait est toujours à la bonne température. Et, tu comprends, c'est tellement meilleur pour la croissance et les défenses immunitaires du bébé. » Le leur n'aura ni rhume, ni gastro, ni reflux, ni diarrhée, ni bronchiolite, ni scoliose, ni même cancer. Mieux : il affichera un QI supérieur à la moyenne et aura les cheveux qui poussent plus vite, même qu'on pourra lui faire un chignon avant ses six mois. Vive la fusion avec l'enfant ! Vive les pleins moments de communion à 5 heures du mat pendant que papa rêve à son futur 4 x 4 ! Vive le sein fier dégainé en urgence au rayon surgelés ! Vive le tire-lait qui fait un bruit de tondeuse les soirs d'avant-ciné ! Vive les coussinets glissés dans le push-up à balconnet ! Bref, vive le lait !

Les mères INDIGNES sont celles qui, dès le premier cours de préparation à l'accouchement, fusillées du regard par leurs congénères en salopette, osent lever la main pour dire « Non, pas moi » à la question de la sage-femme : « Tout le monde, ici, compte allaiter, bien sûr ? » Encore des arriérées du biberon, des empoisonneuses au bisphénol, des Fukushima du lait en poudre, des terroristes du micro-ondes ! Monstres d'égoïsme, certes, mais qui comptent bien : 1) garder un semblant de poitrine après leur grossesse ; 2) faire participer activement papa, qui ferait mieux de s'entraîner au goupillon plutôt que de rêver à son futur 4 x 4 ; 3) éviter de s'éclipser en plein déjeuner de Pâques devant tonton Raymond et belle-maman en disant « M'attendez pas pour le fromage : il faut que j'aille le nourrir/que je le fasse téter. » Ce qui, systématiquement, jette un froid et fait friser les yeux baladeurs des convives voyeurs.

« Les mères INDIGNES
sont celles qui,
dès le premier cours
de préparation
à l'accouchement, fusillées
du regard par leurs
congénères en salopette,
osent lever la main pour
dire "Non, pas moi"
à la question de la
sage-femme : "Tout le
monde, ici, compte
allaiter, bien sûr ?" »

ANALYSES

Les tubes de l'année

Après la pharmacie, le labo est le deuxième repaire des futures mamans. Haut lieu de l'attente insupportable aussi, et théâtre incontesté de l'expérience dite « du glucose », où l'on apprend qu'on peut mourir de faim même après avoir ingéré 50 grammes de sucre pur dissous dans de l'eau tiède. Taux de béta HCG, toxoplasmose, diabète, hépatite B, rubéole, dépistage prénatal, recherche du groupe sanguin, carence en fer… Qu'on se le dise : en 2012, plus un seul globule de la femme enceinte n'échappe au microscope. Les plus accros à l'ambiance laborantine éviteront toutefois les T-shirts à emmanchure américaine, au risque d'afficher des bras de toxico, ce qui peut faire mauvais genre quand on a une pastèque à la place du bide. Les primipares, convaincues d'avoir accédé au (sacro-saint) statut de femme enceinte, prendront soin de redescendre de leur nuage : « oui » votre identité de femme repeuplant la France se résume à une étiquette à code-barres, et « non » vous n'êtes pas Marie, mère de Dieu.

ANGOISSES

Aie confiance…

Chaîne himalayesque dont la taille augmente proportionnellement au taux hormonal de la femme enceinte. D'où l'apparition de questions existentielles, à géométrie variable, soulevées le plus généralement le soir au coucher ou le matin au lever.

- Magnitude 1 à 3 sur l'échelle de future maman : tu m'aimeras encore si je suis grosse ? Tu crois que ça craint si j'ai mangé du chorizo à l'apéro ? C'est pas trop agressif le mur prune pour sa chambre ? T'imagines si c'est des jumeaux ? Elle rentre dans le coffre la poussette trois roues ?
- Magnitude 4 à 6 sur l'échelle de future maman : et si on n'a pas de place en crèche, on fera comment ? T'imagines si c'est des triplés ? Les bodies taille naissance, c'est pas la peine, si ? On est obligé d'envoyer un faire-part à tout le monde ? Le robot mixeur rose, ça jure pour un garçon, non ?
- Magnitude 7 à 9 sur l'échelle de future maman : et s'il était pas normal ? Et si je perds les eaux dans le bus, je fais quoi ? Tu me promets de pas regarder le jour de l'accouchement, hein ? Ça fait très exactement douze minutes que je l'ai pas senti bouger : tu voudrais pas m'accompagner aux urgences ? T'as bien le portable de ma mère ?

ANNONCE

Quelque chose à te dire

C'était pas le tout de bien viser en pissant sur la bandelette : maintenant, va falloir se lancer. Cracher le morceau à Julot, lui dire toute la vérité et rien que la vérité, lui tendre une chaise, lui sauter au cou (dans l'ordre que vous voudrez). Le scénario de l'annonce vous appartenant, peut-être est-ce là l'occasion de faire appel à votre imagination et de mettre en scène ce grand moment. Ou pas. Mais si l'envie vous prend, quelques recommandations s'imposent.

1) Dosez ! Faire preuve d'originalité, c'est bien. Sombrer dans le ridicule, c'est consternant. On évitera ainsi la paire de chaussons tricotés au point mousse (rose ou bleu) posée dans le bol du petit déj, de même que le biberon planqué dans la boîte à gants.

2) Ménagez-le ! Ne misez pas tout sur l'effet de surprise. Loin de moi l'idée de vous laisser entendre que le futur papa pourrait développer une pathologie cardiaque à la suite de ce genre d'annonce. Simplement, le choc peut être rude.

3) Visez l'efficacité ! Se lancer dans un jeu de piste à douze énigmes dans le quartier ou simuler un parcours du combattant avec récompense à la clé risque d'avoir raison des nerfs de Julot. À trop se focaliser sur la médaille en chocolat que vous

lui promettez, il peut aussi ne pas comprendre le message que vous voulez faire passer.

4) Soyez clean ! Non, non, et non : c'est pas top hygiénique de glisser un test de grossesse encore humide sous l'oreiller de son amoureux. C'est clair, mais pas glam.

> « C'était pas le tout
> de bien viser en pissant
> sur la bandelette :
> maintenant, va falloir
> se lancer. Cracher le morceau
> à Julot, lui dire toute
> la vérité et rien que
> la vérité, lui tendre
> une chaise, lui sauter
> au cou (dans l'ordre que
> vous voudrez). »

BABY BLUES

Si j'avais su, j'aurais pas venu

Coup de mou post-partum observé chez la femme nouvellement mère qui, subitement, réalise que c'était quand même vachement sympa de ne penser qu'à sa pomme, du temps où elle pouvait encore rentrer dans ses jeans, faire la fermeture des bars ou du Zara le plus proche, forniquer H24 et partir à Phuket sur un coup de tête. Cette forme de dépression, attribuée en partie à un saut en chute libre des hormones (imaginez des milliers de petits œstrogènes largués d'un avion de chasse), s'accompagne généralement de phrases définitives et d'une avalanche de larmes reléguant le show des grandes eaux de Versailles au rang de fontaine asséchée.

Exemples les plus fréquemment observés :

« Chuis nulle ! »
« J'y arriverai jamais ! »
« Et en plus il est moche ! »
« J'en veux plus ! On n'a qu'à le rendre. »
« Il pleure tout le temps… Et moi aussi ! »
« Pourquoi ceux des autres ils dorment
et pas le mien ? »
« Comment on va faire ? »
« Tu m'aimes plus ! »
« Ma vie est foutue »
« Je verrai plus mes copines »

« Prends-le ! Moi j'peux plus, là… »
« Je fais tout mal ! »
« J'ai l'impression de faire que ça ! »

Rien que de très normal, en somme.

BÉBÉ

Il est né le divin enfant

Tube digestif avec du rose autour, pouvant être de sexe féminin ou masculin. Nom commun généralement assorti de divers suffixes comme « bébé d'amour », « bébé chéri », « bébé chou », et autres niaiseries sincères. Vaut aussi pour les animaux (bébé lapin, bébé hibou, bébé chien, bébé serpent…).
Au sens large : petit être encore plus minuscule que ce qu'on imaginait, propulsé du jour au lendemain centre du monde au sein du foyer familial. Un bébé à la maison, et c'est le temps qui s'arrête (ou plutôt qui rallonge), à la fois colin-maillard de la vie de couple (pour certains) et fée Carabosse de votre « vie d'avant » (pour beaucoup).
Mais… reprenez tous en chœur : « C'est tellement de bonheur en même temps… » Bah voyons !

« Tube digestif avec du rose autour, pouvant être de sexe féminin ou masculin. Nom commun généralement assorti de divers suffixes comme "bébé d'amour", "bébé chéri", "bébé chou", et autres niaiseries sincères. Vaut aussi pour les animaux (bébé lapin, bébé hibou, bébé chien, bébé serpent...). »

BELLE-MÈRE

Si j'étais toi…

Mère du géniteur, vous la rêviez – par ordre chronologique – as du changement de couche express, championne toutes catégories de comptines oubliées, conteuse hors pair et mamie gâteau.

Avant qu'elle ne se transforme, d'un coup de cordon magique, en encyclopédie d'obstétrique, codisciple spirituelle de Françoise Dolto, hémiplégique de la compote maison et reine du « parler bébé » (façon « il est bon le bibi ? Il est où le ouaf-ouaf ? »

> Et puis un jour viendra où, immanquablement, elle vous demandera si "faudrait pas les couper en plus petit, les haricots verts ?" ou si "c'est normal qu'il pleure comme ça ?".

Par la magie du Saint-Esprit – je ne vois aucune autre explication –, la belle-mère accédant au statut de grand-mère est susceptible (chez certaines espèces) d'afficher un fort potentiel de nuisance verbale et comportementale. D'aucunes parmi vous découvriront ainsi qu'aucun détail de votre grossesse ne lui a échappé, pas mêmes ces quelques pertes blanches détectées au fond de votre boxer au sixième mois (ça vous apprendra à tout raconter à Julot). D'autres, encore, apprendront que – grâce à la magie du MMS – le cliché immortalisant votre premier regard avec bébé (vous, l'œil torve ; lui, du collyre orange fluo plein les pupilles) lui est parvenu avant même que vous ayez eu le temps d'enfiler votre culotte à couche hygiénique intégrée.

Votre cher et tendre, le « fils à sa maman », vous dira que c'est « normal », que cela « part d'un bon sentiment » et qu'après tout « c'est SON petit-fils/SA petite-fille ».

À vous, si vous en avez encore la force et l'inspiration, d'élever le débat en lui demandant s'il est :

- indispensable que Monique sache TOUT des secrets de votre anatomie.
- Primordial qu'elle déboule en pole position à la maternité avec une boîte de chocolats (noirs, ceux que vous laissez toujours au fond de la boîte).
- Essentiel qu'elle claironne chez sa charcutière que vous aussi, comme la poularde qu'elle vient de commander pour dimanche, l'accoucheur a dû vous écarteler les cuisses pour y voir plus clair.
- Prioritaire qu'elle renoue avec son amour du point mousse et du point de croix pour qu'elle se lance

dans la confection de bavoirs estampillés « Miam miam » et autres barboteuses pour culs-de-jatte.

- Et puis un jour viendra où, immanquablement, elle vous demandera si « faudrait pas les couper en plus petit, les haricots verts ? » ou si « c'est normal qu'il pleure comme ça ? ». Elle saura mieux que vous qu'il a sommeil, qu'il fait ses dents, qu'il a de la fièvre, qu'il a fait pipi, qu'il veut son papa, qu'il est perturbé, qu'il aurait dû prendre l'air aujourd'hui, etc. Alors, tout aussi immanquablement, vous aurez envie de l'énucléer, de la renvoyer à ses sudokus, de lui dire qu'elle a pas fait de gosses depuis trente ans au moins et qu'elle peut pas savoir, que votre mère à vous, c'est la plus forte, que vous savez très bien ce qui est bon pour votre enfant.

BIBERON

Arme de nutrition massive

Sorte de grenade dégoupillée à manier avec précaution, à plus forte raison si la cible salive à sa vue. D'une contenance variable (90 à 310 ml), le biberon existe en différentes tailles. Si on a affaire à un bébé goulu, il s'agira de ne pas s'encombrer de trop de contenants inférieurs à 120 ml, sous peine de se retrouver au bout de trois mois avec un panaché collector au bord de l'évier. Miser plein pot sur les

maxi-grenades et ne pas regarder à la dépense : rien de pire qu'un biberon qui fuit en cours de mission de ravitaillement.
Sur le front microbien, la stérilisation tient toujours le haut du pavé, et ce quoi qu'en dise votre bonne copine Julie, flemmarde devant l'éternel et mère ultra décontractée du bulbe, qui n'a « jamais lavé un biberon de (sa) vie ». À vous de voir si vous préférez :

1) Transformer votre Cocotte-Minute en bain marie de compétition.

2) Sacrifier les deux tiers de votre plan de travail pour y brancher un stérilisateur électrique.

3) Racheter un micro-ondes assez grand pour qu'y loge un stérilisateur à micro-ondes.

4) Dans tous les cas, préparez-vous psychologiquement à ne faire… « plus que ça ». Je lave, je rince, je chauffe… Je lave, je rince, je chauffe…

5) Et quand Jojo aura passé le cap des trois mois de vie extra-utérine et une gastro, alors vous pourrez confier votre âme de mère partisane du moindre effort au lave-vaisselle. On vous dira que « ça donne un goût ». Vous, vous savourerez celui de la liberté, propre aux mères affranchies du joug du goupillon.

BRUIT

Plus dur sera le « chut »

Ne croyez pas ceux qui – comme Monique – disent que « ça les berce » : les bébés n'aiment pas le bruit ! Un nourrisson en guise de pensionnaire et c'est tout l'appart qui se met en mode silence. D'où cette impression de manipuler de la nitroglycérine à chaque fois que vous repliez un pull sur votre couette en plume d'oie ou déchirez une feuille de PQ derrière une porte blindée.

Vous-même devenez allergique au moindre son un cran au-dessus de la moyenne : la boulangère qui vous fait répéter trois fois si « vous la voulez bien cuite ou pas trop, la tradi ? », le vendeur du marché bradant ses quetsches et auquel vous trouviez jadis un charme si typique dans le quartier, le tube de dentifrice qui choit au fond du verre à dents (aviez-vous seulement remarqué, jusqu'alors, que ce phénomène émettait un son ?), la porte du lave-vaisselle qu'on ouvre/qu'on ferme et qui grince, vos chaussons thermiques qui font « zip, zip » sur le lino, les rots de Julot sur son canapé tandis que bébé s'est assoupi dans son transat… Bref, le moindre pet de mouche fait bondir les parents, fourbus après avoir tant peiné à endormir le fruit de leur amour.

Pour autant, il y aura toujours quelqu'un ou quelque chose pour venir saboter vos efforts : un neveu remonté à bloc venu avec tata rien que pour aper-

cevoir son cousin/sa cousine et qui, après avoir marché sur la pointe des pieds et chuchoté jusqu'à la chambre, lâchera un intelligible « IL DORT, LE BÉBÉ ? » dans l'entrebâillement de la porte ; ou une voisine septuagénaire à l'haleine fétide pour lui souffler sur le museau avec bienveillance en vous complimentant sur le fait qu' « il a l'air reposé ».
C'est pas comme vous, qui vous apprêtez à refaire les cent pas entre le coffre à jouets et le coin biberon, vu que – maintenant – Alien hurle à nouveau.

CADEAUX

Fallait pas

Menus présents censés célébrer, de par leur esthétique ou leur qualité, la venue de l'enfant. Dans le meilleur des cas, le cadeau de naissance réunit ces deux qualités. Dans le pire des cas, il en est dramatiquement dépourvu.
Au gré des arrivages, différents profils ont ainsi pu être répertoriés :

Le cadeau mystère

- Mode de livraison : voie postale.
- Contenant : un colis en kraft ficelé main ; votre adresse gribouillée à la main, indéchiffrable.
- Contenu : un hochet péruvien, en roseau et grains de café. Petit mot signé Jean-Claude. Votre prof d'histoire-géo au collège, qui a croisé votre mère à la maison de la presse du village et cru bien faire.
- Destination finale : la prochaine braderie d'automne, sur le trottoir de l'école.

Le cadeau parfait

- Mode de livraison : par coursier, chez vous, quinze jours après la naissance et pile avant le début de la sieste.
- Contenant : un sac en papier noué de satin, cachant une pochette en toile légèrement pailletée et un bristol pastel qu'a glissés là votre bienfaiteur.
- Contenu : un ensemble en lin et coton bio taille 1 an ajustable.

- Destination finale : la commode plutôt que le placard, pour le mettre dès que possible.

Le cadeau tardif (mais utile)

- Mode de livraison : votre grand-mère, qui a vu votre marraine la semaine dernière, laquelle a « déposé ça pour le p'tit » (le « p'tit » qui est déjà grand, puisqu'il a cinq mois et demi).
- Contenant : un sac du duty-free de l'aéroport de Hambourg.
- Contenu : une écharpe écossaise taille 1. Trop chaude pour être portée en juillet, trop petite pour tenir jusqu'à l'hiver prochain.
- Destination finale : la Poste. Vous cherchiez justement une idée de cadeau pour le bébé de Cécile, attendu en octobre.

Le cadeau inutile

- Mode de livraison : posé sur votre bureau, à votre retour de congé mat.
- Contenant : vous reconnaissez ce paquet-cadeau… C'est celui du super magasin de jouets d'à côté !
- Contenu : un puzzle 30 pièces de Winnie l'Ourson. « T'as dû avoir tellement de trucs pour bébé que j'ai visé large ! », s'enorgueillit Corinne de la compta, qui fait toujours passer vos notes de frais en premier.
- Destination finale : la cave. Avec le harnais-laisse offert par votre oncle.

> Menus présents censés célébrer, de par leur esthétique ou leur qualité, la venue de l'enfant. Dans le meilleur des cas, le cadeau de naissance réunit ces deux qualités. Dans le pire des cas, il en est dramatiquement dépourvu.

Le cadeau moche

- Mode de livraison : direct dans votre boîte aux lettres. Ça vient de la proprio.
- Contenant : paquet mou, bolduc frisé, écrasé par le catalogue La Redoute.
- Contenu : une salopette en pilou vert pistache, un T-shirt rayé dont on devine, en dépit de ses rayures parme, qu'il doit être coordonné. Bonus : des chaussettes Mickey.

- Destination finale : c'est ouvert, le matin, le Secours catholique ?

Le cadeau inattendu

- Mode de livraison : en bas de la maison. Michel, le boucher, tenait à vous féliciter.
- Contenant : le même papier que pour le steak haché, mais avec un nœud autour.
- Contenu : une dînette en porcelaine. « C'est ma femme qui a choisi, hein… » Et la dame, elle sait qu'on a eu un garçon ?
- Destination finale : le rebord de la baignoire. Dans six mois, vous êtes bonne pour une dînette au bain moussant.

Le cadeau décalé

- Mode de livraison : de la main à la main, puisque vous avez invité votre pote Nico à dîner avec sa copine Katarina, pêchée au Costa-Rica.
- Contenant : un sachet en tulle bleu céladon, noué avec du rafia.
- Contenu : un collier en os de seiche, « beaucoup plus efficace que l'ambre quand ils font leurs dents ». Soit.
- Destination finale : votre penderie, avec les affaires d'hiver. Ça fera antimites.

CHAMBRE

Nid fait, nid à faire

Il était quand même bien pratique ce bureau-débarras-lingerie… Vous pouviez y entasser vos

affaires d'hiver et vos vieux carnets de chèques ; vos sandales trop petites et toutes ces fringues que vous vous étiez juré de donner aux nécessiteux ; cette corbeille à linge avec une poignée en moins et les classeurs de quand vous passiez les BEPC. Las ! Son heure a sonné. Chaud devant ! Il va falloir, d'un coup de perceuse magique, le transformer en nid douillet pour bébé braillard. Après une savante étude de marché (lit à barreaux ou berceau ? Couffin dans le lit parapluie ou lit évolutif avec coque intégrée ? Commode simple ou table à langer-commode ?), et plusieurs soirées d'hiver à tergiverser sur un nuancier à 380 vignettes, votre choix s'arrêtera – irrémédiablement – sur du blanc, du taupe, ou du gris. C'est comme ça : on trouve que le bleu fait « trop garçon » (« Et si un jour on a une fille ? ») et le rose « trop fille » (« Et si un jour on a un garçon ? »). Vous avez bien pensé à un riant camaïeu de couleurs vives façon Zavatta (rouge/bleu roi/vert/jaune), mais 1) vous craignez que Jojo cauchemarde chaque nuit et 2) Julot bloque un peu sur l'ambiance fauves en cage et Bozo le clown depuis qu'enfant il a vu un trapéziste se faire manger tout cru par un tigre. Soit.
Ni une, ni deux, et suffisamment en amont de la ponte, on se bloque un week-end pour « aller choisir la chambre », en se demandant quand même s'il ne faudra pas arracher la moquette au profit d'un parquet flottant because les acariens (c'est votre allergologue qui vous le dit). Au palais du mobilier pour enfants

le plus proche, il y a de tout, à commencer par des packs de meubles sérigraphiés Winnie l'Ourson et Jeannot Lapin. Vous cherchez du sobre… et c'est ce qu'il y a de plus cher. Voyant son Codevi flamber à la vitesse de la lumière, Julot suggère habilement de prendre « du bois brut » et de vous le peindre « dans la couleur que vous voulez ». Why not ? Après tout, il faut bien l'impliquer lui aussi, d'autant que vous avez encore de la marge niveau timing (bien que l'on croie *toujours* accoucher avant terme). De retour à la maison, tout le monde à son poste. Vous, préposée à l'éreintante lecture de la notice de montage ; Julot, au montage lui-même. Cinq heures trente et une crise conjugale plus tard, tout est prêt. Reste plus qu'à peindre. Ou plutôt à poncer. Puis à enduire d'une sous-couche. Puis à laisser sécher. Puis à peindre. Et enfin à vernir. Oisive (les émanations de produits solvants et chimiques sont nocives pour la femme enceinte), vous mettrez tout ce temps à profit pour dénicher LA corbeille à couches, LE tour de lit assorti au lit (dont la couleur aura changé trois fois), et LE coffre à jouets qui ne rentrera finalement pas dans l'ex-bureau-débarras-lingerie. Manuel de déco feng shui en main, vous déterminerez seule l'emplacement de la veilleuse lapinou, celui de l'abécédaire encadré, de la farandole de peluches et de la guirlande lumineuse. Bien qu'aussi pleine que vous, la chambre vous paraîtra soudain bien vide. Pas pour longtemps…

> « Au palais du mobilier pour enfants le plus proche, il y a de tout, à commencer par des packs de meubles sérigraphiés Winnie l'Ourson et Jeannot Lapin. Vous cherchez du sobre... et c'est ce qu'il y a de plus cher. »

COL

Appelez-moi Claudine

Ni Mao, ni du Tourmalet, le col est à votre anatomie ce que le petit rectangle de plastique est à un test de grossesse : une fenêtre témoin. C'est bien simple : votre minou, votre zézette, votre chatounette n'est plus. Seul compte le col. *The* col. Celui qui se dilate, celui à deux doigts et plus, celui qui est haut ou bas, ouvert ou fermé, court ou long, mou ou pas, effacé, voire antérieur. Un mystérieux bout du tunnel dont on ne se lasse pas d'imaginer la tête, lui qui recevra régulièrement la visite (à sa porte tout du moins) de son ami le spéculum, puis du fameux couple index-majeur du gynéco ou de la sage-femme. Julot soutiendra mordicus avoir « senti bébé » au bout de son chibre turgescent lors d'un câlin musclé. Allons, allons : si le sexe masculin se transformait en torpille à tête chercheuse lors de chacune de nos grossesses, nous serions les premières au courant et ferions toutes – sans exception – un enfant par an.

"On vérifie le col ?" est donc une phrase que vous entendrez fréquemment, aussi souvent qu' "On s'prend un mojito ?" ou "Tu veux une clope ?" Mais ça, c'était avant.

Aussi *the* col fait-il l'objet d'une surveillance accrue de la part des praticiens s'invitant dans cette grande aventure, lesquels donnent parfois l'impression d'être passés à côté d'une carrière de spéléologue si l'on en juge par leur avidité à explorer votre entre-jambe lors de chaque consultation (le piolet en moins, Dieu soit loué). « On vérifie le col ? » est donc une phrase que vous entendrez fréquemment, aussi souvent qu' « On s'prend un mojito ? » ou « Tu veux une clope ? » Mais ça, c'était avant.

COMPARAISONS

Nothing compares to you

Chez la parturiente, propension innée à mesurer les facultés physiques, motrices et intellectuelles de son enfant à l'aune de celles de ses petits voisins. Plus sournoisement, manière détournée de faire passer lesdits congénères miniatures pour d'authentiques larves attardées. Attention : la plupart des mamans n'y voient pas malice. Il n'empêche : à trop être la cible de comparaisons, les mères les plus fragiles psychologiquement peuvent parfaitement en déduire que leur progéniture n'est effectivement pas au niveau. Ce qui se vérifie parfois.

Tout commence par ce que nous appellerons ici « la course au dodo ». Jojo dort dix minutes toutes les trois heures ; Juju, née six jours plus tard, « fait déjà ses nuits ». La mère de Jojo est sens dessus dessous : à tous les coups, dans un an, son fils tambourinera à qui mieux mieux à la porte de la suite parentale pour cause d'insomnie chronique, réduisant ses heures de sommeil à peau de chagrin et menaçant l'équilibre de son couple.

Viennent ensuite les quantités de lait ingurgitées. Quoi ? Jojo gloutonne six bibs de 150 par jour, farine incluse ? Et dire que Juju peine à en siffler quatre de 180… Bientôt, la Société protectrice des boyaux (SPB) déposera plainte pour gavage intempestif et le banquier suggérera aux parents de Jojo d'ouvrir un plan d'épargne pour la future cure d'amaigrissement du rejeton boulimique.

Se pose également une question d'ordre bucco-dentaire. À chaque risette, Juju, neuf mois de vie sur Terre, présente un ratelier d'une rectitude irréprochable (Gisele Bündchen version quatre pattes), tandis que Jojo, fesses de babouin et trois poils sur le caillou, passe pour Diabolo avec ses deux canines excroissantes. Pour peu qu'il suce son pouce, à six ans c'est la centrale thermique dans le bec assurée.

La marche marque également une grande étape dans la vie des mamans adeptes du jeu des comparaisons. À un an, Jojo en est toujours à cirer le parquet avec ses abdos, pendant que Juju passe de la table basse au canapé avec l'agilité d'un bonobo.

Côté langage, la nature n'est pas toujours bien faite non plus. Si Juju sait prononcer non seulement « maman »

mais aussi le prénom de celle-ci (Ludivine, pas fastoche), Jojo articule difficilement « caca » et ne s'exprime que par cris de bête (de quoi faire dire à la maman de Juju que Jojo devrait peut-être consulter un orthophoniste qui dépistera une éventuelle surdité).
Question : qui, de Jojo ou Juju, a le profil le plus inquiétant ? Lequel des deux entrera à l'Académie française la veille de ses trente ans, et lequel sera jugé aux assises pour crimes en série ?
On en reparlera au bac à sable.

COMPLIMENTS

Du lard ou du cochon ?

Sauf cas exceptionnel (franchise exacerbée, aversion pour l'hypocrisie, spontanéité irréversible de vos interlocuteurs), une avalanche de gentillesses déferle sur votre nouveau-né. Exhibé en chair et en os, ou en photo, Jojo suscite l'admiration de toutes celles et ceux qui le découvrent pour la première fois. À moins d'avoir pondu un troll difforme et borgne (quoique...), vous n'avez pas fini d'entendre des « Qu'est-ce qu'il est mignon ! » teintés d'envie et de nostalgie (« Oh là, là... Ça donne envie d'en refaire un, tiens ! ») Cela étant, et si l'on daigne se mettre deux secondes dans la peau de celle/celui qui fait connaissance avec un bébé qui n'est pas le sien, on est en droit de se demander si les propos tenus sont d'une honnêteté irréprochable. Qui, de nous toutes, ne s'est jamais extasiée devant un gosse aussi gracieux qu'un œuf mollet, semblant être le fruit des amours improbables entre une murène et un marcassin ? Sous couvert de ne pas vexer la maman ou le papa, on en rajoute même parfois… un peu trop… (« Il est trop beau ! J'veux l'même ! »). Quel aplomb, quand on y pense.

CONGÉ MATERNITÉ

Une autre vie

> « Accessoirement, première chose qu'une femme enceinte calcule – calendrier à l'appui ou Web à portée de clic – après avoir appris qu'elle était enceinte. »

Long tunnel de seize semaines minimum (six semaines avant, dix semaines après) que le monde entier nous envie. Accessoirement, première chose qu'une femme enceinte calcule – calendrier à l'appui ou Web à portée de clic – après avoir appris qu'elle était enceinte. À moins d'être garde des Sceaux et hyperactive, la future mère éprouve même une certaine jouissance à se dire qu'elle va pouvoir vivre loin de ses collègues (et de son patron) pendant une aussi longue période. Elle s'imagine, surtout, mettre à profit cette parenthèse égoïste pour faire « plein de trucs » (lire PROFITE !). Sauf que, comme nous toutes, elle finira chez Ikea, dans la file d'attente de la CAF, ou à la PMI… Bref : partout où on l'attend et nulle part où elle s'attendait à aller.

CONSEILS

Allô maman, bobo

Bons ou mauvais (mais ça, on le découvre toujours après), ils affluent sitôt l'enfant conçu. Formulés sous forme de phrases à préfixe (« Et si… », « T'as déjà pensé à… ? », « Moi, quand j'étais enceinte… », « À mon avis… », « Et pourquoi tu ferais pas ci… ? », « T'es sûre ? Non, parce que tu vois… »), les conseils émanent de différentes personnes. Exemple : vous entrez dans le huitième mois et boycottez obstinément les cours de préparation à l'accouchement. Voici ce que vous êtes susceptible d'entendre :

- de la part de votre gynéco : « À mon avis, vous devriez quand même vous inscrire. Le jour J, il sera trop tard pour apprendre à pousser. » BON CONSEIL.
- de la part de Sophie, vierge mais pleine de bonnes intentions : « T'as déjà pensé à y aller avec une copine ? Ce serait peut-être moins lourd. » CONSEIL FOIREUX.
- de la part de Josy, 29 ans et quatre grossesses, dont une gémellaire : « T'es sûre ? Non, parce que tu vois, sinon, y a toujours ma doula qui peut te dépanner. Elle est super zen… » CONSEIL FOIREUX (lire plus haut, ACCOUCHEMENT », scénario n° 5).
- de la part de votre mère : « Moi, quand j'étais enceinte de ton frère, y avait pas tous ces trucs-là… T'inquiète, quand faudra pousser, ben tu pousseras, ma fille ! » BON CONSEIL.
- de la part de Nico, votre ami de toujours : « Et pourquoi tu ferais pas semblant de t'entraîner toute seule chez toi, devant Julot ? On sait jamais, il peut trouver ça excitant… » CONSEIL FOIREUX.
- de la part de votre frère, geek devant l'éternel. « Et si tu téléchargais l'appli Respirez/Soufflez sur le Net ? » BON CONSEIL et CONSEIL FOIREUX (lire plus bas, WEB).

> « De quoi devenir chèvre, jusqu'au jour où vous ferez... comme bon vous semble, alors vous serez en droit de sauter à la gorge du premier contradicteur. »

Soyez sans crainte : les conseils pulluleront aussi lorsque Jojo sera entré dans votre vie. Vous-même, en proie à quelques doutes légitimes, serez en quête de menues recommandations de la part de celles et ceux qui sont passés par là. Inconsciemment, vous prendrez surtout le contrepied de tout ce que vos parents avaient autrefois mis en application à l'égard de leurs propres enfants. Ils vous couchaient sur le ventre ? Vous coucherez Jojo sur le dos (... ou sur le côté, comme vous l'a suggéré la sage-femme... ou le dos bien relevé, comme le préconise l'ostéo...), toujours à la même heure (ou en tout cas douze heures pile après le premier lever, ainsi que vous l'a appris la nana de la PMI… ou au moment du tout premier bâillement, signe annonciateur d'un lourd sommeil selon votre marraine assistante maternelle… ou à la même heure que vous, pour que bébé comprenne qu'il doit s'aligner sur votre rythme et non l'inverse…). De quoi devenir chèvre, jusqu'au jour où vous ferez… comme bon vous semble, alors vous serez en droit de sauter à la gorge du premier contradicteur. Mais plus encore que sur son rythme de sommeil, c'est sur le rythme de ses repas que vous aurez matière à établir un véritable casse-tête. À la demande ? Toutes les trois-quatre heures ? Et puis d'abord, réveille-t-on un bébé qui dort ? Sachant que ça fait cinq heures et non quatre qu'il n'a rien glouttonné, dois-je lui donner 30 ml de plus ? La banane, c'est considéré comme un fruit exotique ou pas ? Chacun ira de son couplet, Internet et ses forums aussi. Prenez la tangente et jouez-la au flair : il ne vous trahira pas, lui !

CONVERSATIONS

Faut qu'on parle

Échanges dans le couple, victimes d'un phénomène inexplicable voulant que tous ceux-ci ne tournent plus qu'autour du ou des gosses sitôt la marmaille couchée ou le week-end en tête à tête entamé. Quel que soit l'effort fourni (diversion avec une bouteille de champ, gratin fait maison, sortie inopinée au resto...), impossible d'oublier que notre tranquillité est désormais pieds et poings liée au babyphone.

> Quel que soit l'effort fourni (diversion avec une bouteille de champ, gratin fait maison, sortie inopinée au resto...), impossible d'oublier que notre tranquillité est désormais pieds et poings liée au babyphone.

Ainsi, au lieu d'être tout à la joie d'avoir ENFIN la paix, on va échanger, à voix basse (voir BRUIT), entre la salade piémontaise et la brique de chèvre, sur le salaire au black de la future nounou, la couleur du dernier caca de bébé, l'intérêt ou non de lui offrir un parc en bois à Noël, le fait que l'aîné fasse de nouveau des cauchemars, et se rappeler que le premier qui trouve du lait anti-reflux formule enrichie a gagné. Qu'à cela ne tienne ! Julot, des sécateurs virtuels à la main, décide de vous emmener quatre jours à Venise pour mieux couper le cordon (et les ponts). Il a besoin de sommeil. « Comme toi, évidemment », ajoute-t-il à la hâte. « Oui, on va pouvoir se retrouver un peu », complétez-vous dans un souffle.

- **1er jour :** froid sec et beau soleil, vous voguez comme un seul homme à bord d'un Riva lancé au taquet sur la lagune. Vous avez soif de Venise, de galeries d'art, et de corps nus dans la tiédeur des draps blancs d'un hôtel. Plus rien n'a d'importance, si ce n'est le nombre de palourdes dispersées dans votre assiette de spaghetti alle vongole.
- **2e jour :** main dans la main, vous serpentez à travers la Cité des doges en plaignant ces touristes qui pilotent une poussette de pont en pont. « Faut vraiment être débile pour venir à Venise avec un bébé ! » Au fait… avez-vous bien expliqué à Jessica que le frein de la trois-roues de Joseph se trouve au niveau du guidon ??? Vite… un texto !
- **3e jour** : jamais votre pot de gommage aux noyaux d'abricot concassés n'a autant servi. Julot le sait, Julot le sent, Julot a envie de vous, qui vous kidnappe au sortir de la douche pour une sieste hot. En sourdine, les musiciens de la place Saint-Marc vous

accompagnent mélodieusement. « On dirait *Une chanson douce…* » Julot perd ses moyens : le champignon musical de Joseph fait le même bruit.

- **3ᵉ jour et demi :** Jessica a bien trouvé le frein au guidon pour la poussette mais pas le chargeur du babyphone. Vous appelez. Vous raccrochez aussi sec, enfilez votre robe portefeuille. La neuve. La toute belle. Celle dans laquelle vous rentrez enfin. Message. C'est la mairie, service petite enfance. Il manque une pièce au dossier pour la crèche. Vous filez un bas.
- **4ᵉ jour :** au petit déj, vous faites défiler les photos sur votre téléphone. Joseph quand il avait 1 heure, Joseph quand il avait 1 jour… et là, avec sa grande sœur… Oh, son premier sourire !… « On appelle à la maison pour voir si tout va bien ? » Après-midi shopping : Julot se cherche un cachemire bleu marine, vous traquez la boutique de jouets vénitienne.

Riva bis pour rejoindre l'aéroport. Arriverez-vous à temps pour le dernier biberon ?

À domicile, tout est *under control* avec Jessica. Sur la table, pour votre en-cas tardif, la boîte à fromages et le pain mou ont remplacé les gressini et la burrata. Il fut un temps, dans cette cuisine, vous évoquiez vos carrières, vos rêves, vos envies de voyage, vos positions préférées. Vous refaisiez le monde, un verre de bourgogne à la main, dos à la gazinière, avant de prendre appui sur les mêmes plaques de cuisson pour quelques jeux de mains pas vilains. Là, allez savoir pourquoi, après le saint-nectaire, c'est la salade de fruits qui a le mot de la fin.

> **Main dans la main, vous serpentez à travers la Cité des doges en plaignant ces touristes qui pilotent une poussette de pont en pont. "Faut vraiment être débile pour venir à Venise avec un bébé !" Au fait... avez-vous bien expliqué à Jessica que le frein de la trois-roues de Joseph se trouve au niveau du guidon ??? Vite... un texto !**

COUCHES

Bureau de change

Autrefois appelée « change », la couche peut être propre ou sale, ultra-absorbante ou aussi efficace qu'un protège-slip en période de maxi-flux menstruel. Achetées au début par paquets de 36 et à prix d'or par les parents consciencieux, elles déboulent en fin de parcours à 72 et en promo dans la réserve de la cave.

Si les jeunes mère n'avaient que ça à faire, elles s'adonneraient à un vertigineux calcul : celui du nombre moyen de couches-culottes scratchées, puis dé-scratchées, entre 0 et 3 ans, sur leur enfant. Un peu comme d'autres ont, un jour, et au risque de faire une crise de tétanie, compté la quantité de biberons passés au goupillon depuis la naissance de leur progéniture. Évitons-leur ici ce pénible effort d'arithmétique. À raison de 5 couches et 3,5 biberons par jour en moyenne et sur 36 mois, cela donne : 5 475 couches et 3 832 biberons (à un demi-biberon près, équivalant à la quantité de lait qui macule aujourd'hui leur canapé en lin). Alors, heureuses ?

Ayons ici une pensée émue, et non dénuée de compassion, pour les nostalgiques de la couche lavable, qui croient bien faire en embarquant avec leur petit dans une machine à remonter le temps, direction le bagne du lange réutilisable.

« Ayons ici une pensée émue, et non dénuée de compassion, pour les nostalgiques de la couche lavable, qui croient bien faire en embarquant avec leur petit dans une machine à remonter le temps, direction le bagne du lange réutilisable. Portés par la vague nordique des mères suédoises qui n'ont rien d'autre à faire que de programmer des machines de linge et de tisser du coton bio, de plus en plus de foyers maternels aident au retour en force de cette gabegie scatologique. »

Portés par la vague nordique des mères suédoises qui n'ont rien d'autre à faire que de programmer des machines de linge et de tisser du coton bio, de plus en plus de foyers maternels aident au retour en force de cette gabegie scatologique. Après avoir flingué trois fois de suite le filtre de leur lave-linge, certaines mamans bien intentionnées en sont revenues, admettant qu'il fallait vivre avec son temps et non comme Cro-Magnon. D'autres persistent obstinément sur cette voie du caca sauvage et non jetable, intimement persuadées – à chaque change – d'avoir épargné à la planète une pollution supplémentaire et préservé une espèce de poisson en voie de disparition.
PS : quand les couches font leur retour, cela n'a aucun lien avec le pipi-caca. En revanche, vous pouvez d'emblée 1) investir dans un stérilet flambant neuf, 2) mettre à l'abri vos dessous chic et choc.

CULPABILITÉ

C'est pas ma faute à moi

Sentiment dominant chez la mère qui, sitôt l'enfant expulsé, se met à porter sur ses épaules l'équivalent en poids de ce qu'elle portait dans son ventre.
Le bébé sort mal coiffé et plein de vernix ? C'est parce qu'elle n'a pas assez serré les cuisses au moment de

l'accouchement (mais lui a-t-on seulement laissé le choix ?)
Le bébé sursaute au moindre bruit ? C'est elle qui en a fait une lopette quand elle avait peur de descendre au parking étant enceinte.
Le bébé dort mal ? C'est parce qu'elle a toujours refusé de prendre ces satanées pilules aux plantes pour trouver le sommeil lorsqu'elle jouait au culbuto dans son lit à partir du 7e mois.
Le bébé pleure dès qu'elle le colle dans sa poussette ? Ça lui apprendra à ne pas avoir fait de sport pendant neuf mois.
Le bébé se réveille les fesses en feu ? C'est parce qu'elle n'a pas eu le courage de se relever une quatrième fois la nuit dernière pour le changer.
Oui, tout est de sa faute. Même cet enfant.

CRÈCHE

Terra incognita

Eldorado pour parents aux finances limitées ou larges et, pour la plupart, pistonnés. Qualifié de « nid à microbes » par les pédiatres, de « luxe inouï » par les Parisiens, et d'« usine » par les ruraux (qui, eux, ont la chance d'avoir une « tata » dans le village ou une grand-mère pas débordée par ses cours de bridge vu qu'y n'y en a pas).

« Cas particulier : la crèche d'entreprise, espèce en voie de reproduction mais encore à l'état sauvage. Cinq étoiles du mode de garde collectif, la crèche d'entreprise permet aux mamans de toujours être à l'heure au boulot, le brushing impeccable et les dessous de bras secs. Et, accessoirement, de faire garder son gamin. »

La crèche idéale existe. Nous l'avons rencontrée. Une petite maison avec jardin potager pour les plus grands et chaises hautes au grand air pour les plus petits ; des puéricultrices au visage de madone ; des locaux qui sentent bon le pin des Landes ; des purées

maison ; des jouets stérilisés tous les deux jours ; des matelas pastel ; des lits customisés ; un casier par enfant ; un Père Noël qui vient en vrai avant les vacances ; une conteuse chaque mercredi ; un atelier d'éveil à la motricité… Bref : tout ce dont des parents peuvent rêver pour la chair de leur chair, la prunelle de leurs yeux.
La crèche maudite existe elle aussi. Nous l'avons rencontrée. Mais pas longtemps. Car si, dans l'inconscient parental, la crèche est le lieu de toutes les sécurités et le temple du bien-être infantile, cette image reste subordonnée à notre capacité d'abstraction face à certains détails. Oui, Côme peut vomir tout son quatre-heures sur sa salopette ET sur les couettes de Céleste ; oui, les matelas peuvent avoir été inspirés par la palette de Kandinsky ; oui, les bras des puéricultrices sont susceptibles de se transformer en lance-pierres à midi pile, quand quinze nourrissons se bousculent au portillon pour becqueter ; oui, une couche peut être scratchée à même la peau quand Rosa n'a pas fait gaffe ; oui, on peut vous clouer au pilori si vous ne remplissez pas la sacro-sainte feuille de rythme chaque week-end (un rond vide pour pipi, un rond plein pour caca, du jaune quand bébé dort, du rouge quand bébé est éveillé, du vert quand il pleure, du bleu quand il dort, du violet quand il est éveillé mais qu'il pleure, du kaki quand il pleure, qu'il mange et qu'il fait pipi en même temps, et juste avant de s'endormir etc.).

Cas particulier : la crèche d'entreprise, espèce en voie de reproduction mais encore à l'état sauvage. Cinq étoiles du mode de garde collectif, la crèche d'entreprise permet aux mamans de toujours être à l'heure au boulot, le brushing impeccable et les dessous de bras secs. Et, accessoirement, de faire garder son gamin.

CORDON

Cut final

Ombilical, il se coupe à la naissance, avant de sécher en partie sur le ventre rebondi du nourrisson. Une étape qui peut prendre un certain temps, fonction de l'aptitude à la cicatrisation du bébé. Ne pas s'imaginer qu'il va se vider de son sang et de ses tripes si, malgré un flacon d'éosine entier, l'appendice dépassant du nombril met plus de quinze jours avant de ressembler à une chips de pomme de terre vitelotte. Psychologique, il se coupe… beaucoup plus tard. Enfin… tout dépend de l'attention que porte le papa à rogner ce lien qui unit encore la mère à l'enfant. Certains enfants se détacheront très tôt de leur génitrice (c'est-à-dire… avant l'adolescence), sans même attendre que leur paternel fasse œuvre de coupe. D'autres entretiendront savamment ce long tuyau tissé de sentiments et menant directement au cœur de leur môman, parfois jusque très tard dans l'âge adulte (40… 50… 60 ans). Il n'aura, en outre, pas échappé

à certaines brus que certaines mères elles-mêmes rechignent à couper les ponts « psychico-affectifs » avec leur fils adoré. Mais ce point de détail – qui, en réalité, n'en est pas un – fera peut-être un jour l'objet d'un nouvel ouvrage.
Pour celles qui n'auraient qu'une envie – que Jojo leur lâche les baskets et cesse de s'agripper à leur slim –, sachez qu'on n'a pas encore trouvé meilleur allié que le papa. À lui d'extirper Jojo de vos bras et de vous couvrir lorsque vous décidez de vous planquer dans la buanderie pour lire *Elle* tranquille ; à lui également de faire entendre à l'enfant que papa sait, lui aussi, mouliner de la purée et chanter *Une souris verte* sans hésiter sur les paroles. Il faut bien qu'Œdipe se passe…

COUVADE

Papa est en bas, qui fait du gras

Tactique bien connue des goulus habituellement rationnés, destinée à faire croire qu'eux aussi attendent un enfant. Dérèglement alimentaire délibéré, assorti d'un penchant sévère pour la vidange de réfrigérateur. Inutile de retourner vos placards en quête du paquet de gaufrettes bio à la vanille : Julot les a boulottées devant *Scream 4* l'autre soir. Idem pour vos chocolats liégeois (par packs de huit), le reste du gratin de choufleur (« J'avais faim en rentrant de chez ta mère »), le sachet de sucettes au Coca et même les feuilletés jambon-fromage jadis figés au fond du congélo. De fait, l'occasion est trop belle pour le futur père de laisser entendre qu'il compatit à la prise de poids de sa chère et tendre.

> « De fait, l'occasion est trop belle pour le futur père de laisser entendre qu'il compatit à la prise de poids de sa chère et tendre. »

DÉPENSES

Fière acheteuse

> Mais, même jusque dans sa mansuétude de louve, la mère dévouée demeure paradoxale. C'est en effet la même qui, lasse de courir les rayons en quête de salopettes au rabais, expirera un matin devant son armoire: "Pfft... J'ai rien à m'mettre... Des lustres que je me suis rien acheté !" Et pour cause.

Phénomène naturel chez la mère qui, bienveillante, opère un transfert spontané de ses pulsions acheteuses sur l'enfant. Enceinte, déjà, elle épluchait tous les catalogues de VPC pour nains, se demandant si le sien aurait assez de bodies taille 3 mois (manches longues ET manches courtes) et suffisamment de pyjamas de rechange. De cette propension à dépenser, la future maman tire une certaine fierté, à en juger par le soin apporté chaque soir à montrer à Julot « tout ce [qu'elle a] acheté » en prévision du débarquement. Lequel Julot manque de défaillir à chaque défilé 1) parce que ça ne l'intéresse pas et 2) parce qu'il a commis l'erreur de confier sa carte de crédit le matin même à l'intéressée.

Flot continu oblige, ledit phénomène perdure après la naissance. Il empire, même, entraînant une implosion des penderies avoisinantes et un squat tangible des caves familiales (à commencer par celle de belle-maman qui, hormis une collec de pots de confiture abricot-amande et trois palettes d'essuie-tout, n'a rien à stocker en sous-sol, ce qui vous arrange bien. Pour une fois qu'elle peut se rendre utile… !) Le plus étrange, c'est ce sentiment d'invincibilité face aux banques ; la mère, tout à la joie, à la fierté de bien faire pour sa progéniture (le vêtir et le nourrir ne font-ils pas partie de ses devoirs de parents ?), se croit intouchable. Et dépense, dépense, dépense… Ses réflexes de fashionista vont jusqu'à s'estomper, au profit d'un réflexe nouveau au moment des soldes : se ruer dans les magasins de puériculture pour choper LE coussin de chaise haute repéré des mois plus tôt

ou LE trotteur aérodynamique qui, même acheté six mois à l'avance, « servira bien un jour ».
Mais, même jusque dans sa mansuétude de louve, la mère dévouée demeure paradoxale. C'est en effet la même qui, lasse de courir les rayons en quête de salopettes au rabais, expirera un matin devant son armoire : « Pfft... J'ai rien à m'mettre... Des lustres que je me suis rien acheté ! » Et pour cause.

DÉSAGRÉMENTS

Ils sont venus, ils sont tous là (mais elle ne va pas mourir, la mamma)

Package classique gracieusement offert par la condition de femme enceinte, comprenant : nausées, hémorroïdes, brûlures d'estomac, peau – de nouveau – à tendance acnéique, varices et varicosités, rétention d'eau, constipation, lombaires douloureuses, cheveux gras et fatigués... Bref, de quoi vous sentir glamour en toutes circonstances et ce durant neuf mois. Ce n'est pas pour rien que votre pharmacien a accepté d'être votre ami sur Facebook (voir PHARMACIEN). Bien évidemment, on trouvera toujours dans son entourage une fortiche ayant réussi l'exploit de passer à travers les mailles du filet. Son transit est aussi irréprochable que celui d'une nonne de douze ans, ses bas de contention dorment bien au chaud dans leur emballage, elle fait des roulades chaque matin au lever (avant et arrière), entretient négligemment sa crinière de jument camarguaise, et affiche un grain de peau qui n'a jamais été aussi lumineux. Pour celles qui n'ont pas cette chance, entendez que la solution du camouflage s'accommode très mal de ces handicaps. Ainsi, on prendra soin d'éviter le plumetis cache-misère, le chignon coiffé-décoiffé, la cure de pruneaux dénoyautés et le sarouel en lin couleur brique.

> Ne pas hésiter, enfin, à croire ceux qui vous disent que "dans un/deux/trois/quatre mois..., tout ça ne sera plus qu'un mauvais souvenir". C'est un fait : votre enfant se chargera de vous en fabriquer de nouveaux. Bien pires encore.

Ne pas hésiter, enfin, à croire ceux qui vous disent que « dans un/deux/ trois/ quatre mois… tout ça ne sera plus qu'un mauvais souvenir ». C'est un fait : votre enfant se chargera de vous en fabriquer de nouveaux. Bien pires encore.

DIVERSIFICATION

Tu seras un ogre, mon fils !

Évolution naturelle chez le bébé de plus de 4 mois et début des (nouvelles) emmerdes. Techniquement, étape synonyme de fonctionnement à plein régime pour le programme 60 °C +++ du lave-linge – dont le tambour va se remplir en moins de temps qu'il n'en faut pour réchauffer un bol de « légumes du soleil » – et pour le canapé en lin, transformé en terrain de paint ball goût pomme-pruneaux. De fait, Jojo est encore poids plume pour la chaise haute et c'est le transat qui sert de trône pour les agapes.

L'heure est donc venue de sortir de son carton d'emballage le robot cuit-vapeur/mixeur offert par belle-maman. Tout beau, tout propre, tout mignon, prêt à mouliner à la vitesse de l'éclair les carottes bio et le panais acheté avec amour sur le marché. On se jure d'en congeler la moitié à chaque fois, avant – par flegme assumé mais discret – de refourguer le trop-plein à Julot, entre deux pommes dauphines. Il fera la

moue entre deux bouchées de tournedos mais c'est ça ou quinoa-épinards.
Pas d'étonnement : le plastique translucide de l'ustensile magique va virer orange, et la spatule fournie avec n'être stérilisée que six fois. La septième, ce sera pour retourner les crêpes de la Chandeleur (et alors ?). Le livret de recettes livré en bonus de mode d'emploi ayant depuis belle lurette servi à allumer le feu un soir de panne de papier journal, on improvise (chou-fleur/betterave/basilic, poireau/endive, oseille/pomme de terre/fenouil), sans toujours récolter un franc succès… Est-ce une raison pour se décourager ou céder à la tentation du petit pot ? Point du tout ! Au rayon fruits, on se persuade des bienfaits des produits frais. Vive les fraises bio made in France, les golden de Corrèze et la châtaigne corse (à inclure dans la mixture avec parcimonie, sous peine de fausse route dans le gosier). Les plus scrupuleuses investiront dans une yaourtière ; les plus malchanceuses hériteront d'un allergique à la protéine de lait de vache et seront bonnes pour se ruiner en litres de lait de soja (ou de chèvre, encore plus galère à dégoter à l'épicerie de nuit).
Vivement, donc, les croûtons de pain et *la bolognese per tutti* !

DON

Mme Copperfield

Talents personnels et jusqu'alors inédits que chaque mère se découvre de retour de la maternité. Passé les premiers jours et la classique prise de marques, la voici qui se retrouve au cœur d'un étrange ballet, multipliant les contorsions au simple nom de la Rentabilité du temps de travail. Octopussy du XXIe siècle, elle est ainsi en mesure de : se brosser les dents tout en urinant, téléphoner à son banquier tout en comptant le nombre de mesures de lait qu'elle introduit dans le biberon, lire une histoire à l'aîné tout en triant le linge sale (attention, arrivé à la page 12, il y a un piège : risque de mélanger le blanc et les couleurs), laisser un mot à la nounou tout en faisant un paquet cadeau, et même prendre sa douche un pied dehors pour mieux balancer Jojo dans son transat. Chaque jour qui passe est un défi de relevé. Quelle challengeuse, cette maman !

DOUDOU

Drame à tiques

Terrain de chasse favori des acariens, également appelé « objet transitionnel ». Comprendre : petit lapin difforme parfumé au lait caillé que votre chérubin n'échangerait pour rien au monde, pas même contre un baril de lessive (SURTOUT PAS contre un baril de lessive). Et c'est bien là le drame. En cas de perte ou de vol, motif de pleurs intarissables et de crise conjugale (« Putain ! C'est quand même pas compliqué, merde ! Je t'avais dit de faire gaffe au doudou ! »).

De ces lapins/moutons/hippopotames/éléphanteaux/chatons/souris/crocos… on en reçoit par pelletées entières au moment de la naissance. Vous-même en avez choisi au moins trois (avouez !) du haut de vos 80 kilos rebondis, gageant que votre enfant élirait forcément l'un d'eux comme doudou en chef une fois posé dans sa couveuse. Funeste erreur ! Il est temps de regarder la réalité en face : Jojo ne choisira ni Raton, ni Cat-Minou, ni Lapinos pour l'accompagner jusque dans son lit. Non ! Il optera pour le toucan au plumage chamarré en 100 % acrylique que votre belle-sœur a chiné sur la brocante de Soisy-sous-Montmorency, un week-end désœuvré de Toussaint. Le volatile est borgne et a la queue pelée, n'est plus fabriqué depuis 1993 sinon en Roumanie, et reste imprégné (quoique vous fassiez) d'une odeur de roquefort. MAIS… Jojo l'adore. Il ne le quitte plus. Acceptez l'inacceptable. Eh oui, pleurez… Ça fait du bien de pleurer…

" De ces lapins/ moutons/ hippopotames/éléphanteaux/ chatons/souris/crocos... on en reçoit par pelletées entières au moment de la naissance. Vous-même en avez choisi au moins trois (avouez !) du haut de vos 80 kilos rebondis, gageant que votre enfant élirait forcément l'un d'eux comme doudou en chef une fois posé dans sa couveuse. Funeste erreur ! "

ÉCHOGRAPHIE

Vu à la télé

Au nombre de trois (2e, 5e et 8e mois), ces « rencontres » en direct live sont obligatoires. Leur nombre peut toutefois varier en fonction du déroulement de la grossesse.

Première écho (c'est comme ça qu'on dit) : embryon, es-tu là ?

Attendu avec une impatience non feinte par les parents, et la mère en particulier, cet examen permet aux géniteurs de matérialiser in situ l'heureux événement à venir. Les primipares seront déçues de voir qu'un embryon ne suce pas encore son pouce, ni ne sourit à ses géniteurs par écran interposé. De même, qu'elles ne s'étonnent pas de voir le gynéco dégainer une sorte de godemiché habillé d'un préservatif et préalablement enduit de gel : si la grossesse n'en est qu'à ses débuts, il se peut que l'échographie endovaginale soit de rigueur. S'envolera alors le fantasme de la sonde qui va et qui vient sur le ventre naissant… À l'image, le spectacle est somme toute assez sommaire. Un haricot immobile – au mieux, un dinosaure microscopique roulé en boule – avec, au centre, une bille noire prise de spasmes : c'est le cœur. Le son en plus, et chacun verse sa petite larme. PS : que le papa ne fasse pas le mariolle en refusant la chaise que l'échographe lui offre : les grossesses gémellaires se détectent aussi ce jour-là…

> À ce stade-là, bébé mange, bébé boit, bébé pisse, bébé entend, bébé dort… Bref : il fait tout, sauf vous hurler dans les oreilles. Profitez-en ! La prochaine fois que vous le verrez, ce sera sur vous, plein de vernix et la bouche grande ouverte.

Deuxième écho : qui va là ?

La plus longue de toutes. Bébé a-t-il bien deux bras, deux jambes, deux oreilles, deux narines, un estomac, un œsophage, deux globes oculaires et dix orteils ? Ou la nature a-t-elle fait le choix de lui faire un crâne gros comme les fesses et des doigts palmés ? Passé le stress des anomalies potentielles, chaque parent suspendu aux lèvres de l'examinateur en chef, on sera tout à la joie de voir Jojo/Juju (le jeu des devinettes prend fin ce jour-là) gesticuler. Et fera même semblant d'avoir effectivement repéré le foie de son chérubin sur une image plus trouble qu'une fosse septique. « Alors là… c'est le foie… Vous voyez ? – Oui, oui… Ah, il est beau ! » Pathétique, mais attendrissant. Le « bonus » des maternités ou des cabinets les mieux équipés restant bien évidemment la 3D, ou comment voir surgir sur écran géant son futur gnome. Attention : cette vision peut faire bondir, notamment si elle permet de constater – avec dépit – que Jojo a plus que des faux-airs de beau-papa. Toujours est-il que la fierté est de taille lorsque, son dossier sous le bras, on laisse ostensiblement dépasser les clichés dudit gnome, bientôt exhibés au bureau.

Troisième écho : inspection des travaux finis

À ce stade-là, bébé mange, bébé boit, bébé pisse, bébé entend, bébé dort… Bref : il fait tout, sauf vous hurler dans les oreilles. Profitez-en ! La prochaine fois que vous le verrez, ce sera sur vous, plein de vernix et la bouche grande ouverte. L'échographe en profite pour voir s'il a encore assez de place pour faire ses demi-longueurs de brasse coulée ou s'il faut accélérer la cadence niveau dépotage.

« ET LE DEUXIÈME ? »

De quoi j'me mêle ?

Question posée en boucle de retour au bureau, par toutes celles et ceux qui croient qu'on n'en a pas assez d'un. De quoi entraîner chez la mère l'apparition d'une mycose fulgurante qui fait que, de toute façon, elle ne remettra pas le couvert de sitôt.

ÉMOTIVITÉ

Ne pleure pas, Jeannette

Il fut un temps où *Top Gun* vous faisait tout simplement rêver, *Dirty Dancing* fantasmer et *Bugs Bunny* mourir de rire. Aujourd'hui, tout juste si les aventures de Mr Bean ne vous font pas monter les larmes aux yeux. Aussi, pour ménager votre mélancolie latente et ne pas finir pelotonnée sur le canapé, secouée de sanglots, est-il préférable de zapper certains programmes, allant du documentaire animalier au reportage sur la famine au Darfour, en passant par le biopic d'Anne Frank et le film inspiré de la vie d'un vétérinaire de campagne. En tout état de cause, vos penchants télévisuels se réorienteront naturellement vers des programmes plus « concernants » pour vous et, jusqu'à plus soif, vous vous repaîtrez d'images d'accouchement (*Fille mère et fière de l'être* ou *Grossesses multiples : comment font-elles ?*, au risque de dégoûter Julot du petit écran.

« Reste que nombre de situations vous feront tantôt sortir de vos gonds, tantôt craquer telle un petit pain suédois : un chauffeur de bus qui vous demande (gentiment) d'"avancer dans le fond, s'il vous plaît", une boulangère qui vous reproche de ne pas avoir de monnaie, un collègue qui refuse de déjeuner avec vous parce qu'il est "sous l'eau", une vendeuse des grands magasins mal lunée qui vous rappelle qu'il faut "faire la queue comme tout le monde" (alors que vous êtes enceinte de... trois semaines). »

Reste que nombre de situations vous feront tantôt sortir de vos gonds, tantôt craquer tel un petit pain suédois : un chauffeur de bus qui vous demande (gentiment) d'« avancer dans le fond, s'il vous plaît », une boulangère qui vous reproche de ne pas avoir de monnaie, un collègue qui refuse de déjeuner avec vous parce qu'il est « sous l'eau », une vendeuse des grands magasins mal lunée qui vous rappelle qu'il faut « faire la queue comme tout le monde » (alors que vous êtes enceinte de… trois semaines). À fleur de peau, d'aucunes se sentiront louves (prêtes à mordre), d'autres lionnes (prêtes à rugir), d'autres blairelles (prêtes à regagner leur terrier). Un réflexe tout… animal.

ÉNERGIE

Non renouvelable

Physiologiquement, carburant en phase descendante chez la femme nouvellement mère.

Concrètement, coup de mou d'une durée comprise entre 0 et 36 mois, selon le soin apporté au rechargement des batteries, lesquelles ont – de toute façon – une autonomie limitée. Dix tours de pâté de maisons au guidon d'une poussette et le crédit pep's en prend un coup. Une sortie en boîte et c'est la maison de repos qui guette.

Aussi, et pour se prémunir d'une trop grande fatigue, mère et père sont rapidement tentés par une vie de gastéropodes, échoués sur le sofa tel des bigorneaux en phase terminale. Dans le rôle de la marée noire ayant eu raison de leur vivacité : Jojo – encore lui ! –, qui perfuse insidieusement les jours et les nuits de ses géniteurs de gazouillis de contentement ou de mécontentement (les seconds étant plus nocifs que les premiers), jusqu'à transformer leur pêche d'enfer en dynamisme dynamité.

A contrario, certains sujets peuvent réagir positivement à l'irruption dans leur vie de pareil sujet miniature. Dopée par on ne sait trop quel élan, une mère trouvera ainsi la force, après avoir trié la corbeille à linge sale, changé les draps croûteux de son calvaire incarné, et rangé les décos de Noël, d'aller seule jusqu'aux marché aux fleurs acheter six pots de bégonias et de les charrier à même la poussette jusqu'au domicile familial, non sans avoir donné son goûter, chemin faisant, à un Jojo survolté. Le soir venu, elle s'écroulera sur son assiette de potage aux vermicelles avec le sentiment du devoir accompli, jurant ses grands dieux qu'elle ne regrette rien, tout simplement parce que Jojo avait « besoin de sortir ». Mais elle, avait-elle réellement besoin de six pots de bégonias ?

ENVIES

Anti-mythe

Non, tout le monde n'aime pas les fraises.

ESPACE-TEMPS

Temps X (sans Igor ni Grichka)

Bienvenue dans la quatrième dimension ! Bienvenue dans un monde où n'existent plus ni montres, ni pendules, ni horloges, ni chronomètres. Un monde où la vie se joue en continu, où les tétines remplacent les aiguilles et les couches les trotteuses. Jojo est arrivé ! Et c'est lui qui mène la danse. Qu'importe le jour, qu'importe l'instant : un cordon invisible vous relie à lui, plus particulièrement à son estomac et ses sphincters. Comme au Scrabble, les journées comptent double et les heures comptent triple. Quand vous aurez compris ça, vous aurez tout compris.

EX

Comment te dire… ?

Il vous a connue rebelle, insouciante, échevelée sous la couette, n'aimant rien tant que l'imprévu, montée sur talons aiguilles, insolente de fraîcheur, heureuse de tout et de rien, toujours de bonne humeur, bravant les interdits et fuyant les conventions. Aujourd'hui, il va falloir lui dire. Lui dire que vous avez cédé au schéma judéo-chrétien de la construction familiale et qu'une petite graine germe en vous. Que vos abdos d'acier – ceux qu'il caressa langoureusement il y a huit ans avant de vous faire accrocher les lustres – crouleront bientôt sous le poids du liquide amniotique et que, dans neuf mois tout au plus, vous serez jambes écartées sur les étriers en train de pousser. Ne vous faites pas d'illusion : c'est forcément l'image qu'il aura à l'esprit lorsque vous lui lâcherez le fatidique « Je suis enceinte » ou le plus soft « J'attends un enfant. » Les réactions, dès lors, varieront. Quelques clés pour les interpréter :

- « Ah… mais c'est génial… ! » Traduction : « Ça y est ! Elle est passée de l'autre côté de la barrière. Sa vie est foutue. »
- « Je suis vraiment heureux pour toi… pour vous, quoi. Non, c'est vrai, tu le mérites. » Traduction : « Eh ben… Je savais qu'elle en voulait un ! Elle a bien fait de pas m'attendre ! »
- « C'est vrai ? T'es enceinte ? » Traduction : « Je rêve ou elle est en train de me dire qu'elle a fait un gosse avec cet abruti… ? »
- « Je suis le père ? » Traduction : « Je suis le père ? »
- « Alors là… Alors là… pour une surprise… » Traduction : « Et dire que ç'aurait pu être moi ! Elle est toujours aussi belle, cette conne ! »

Cas particulier : votre ex est aussi le père de votre premier enfant(/vos premiers enfants). Ne pas attendre que Juju et Jojo Ier, déjà au parfum, crachent le morceau au détour d'un week-end de semaine paire : l'effet boomerang peut s'avérer redoutable. Larguer la bombe franco mais par téléphone. On évitera les effusions.

FAMILLE

Toi + moi

> Ancêtre du mot “couple”, qui disparaît le jour J au profit du trio/quatuor (ou plus) que vous formez désormais. C’est même écrit sur le faire-part, ou dans les textos envoyés aux amis (“On viendra en famille”/“Bisous de toute la petite famille”). Les plus pudiques emploieront le terme de “smala” ou de “troupe”.

Ancêtre du mot « couple », qui disparaît le jour J au profit du trio/quatuor (ou plus) que vous formez désormais. C’est même écrit sur le faire-part, ou dans les textos envoyés aux amis (« On viendra en famille »/« Bisous de toute la petite famille »). Les plus pudiques emploieront le terme de « smala » ou de « troupe ». Ça revient au même : entité vous êtes, entité vous resterez. La voiture sera raccord avec ce nouveau schéma (dans le box, la « mini » fera place à la « familiale »), la minaudière sera troquée contre un fourre-tout, et vous n'aurez plus rien contre les pare-soleil Winnie l'Ourson. Mieux qu'un coup de baguette magique !

FUITES

Coule, ma poule

« Mais non, ça s'voit pas. » C'est votre copine Caro qui vous le dit. Elle a beau vous regarder sous toutes les coutures, y compris celles de votre pantalon, elle ne voit RIEN. Pourtant, lorsque vous avez éternué en réunion à l'issue de la prise de parole de votre boss, vous avez bien senti un mini-tsunami déferler dans votre Tanga en coton (vu que vous ne supportez plus que ça). Il est 11 heures et il va falloir tenir jusqu'au soir, en espérant que le noir de votre slim taille haute à rabat abdominal (vu que vous ne supportez plus que ça) sèche à la vitesse du son.
On ne réprime jamais autant d'éternuements qu'en étant enceinte. Pire : une blague de Toto qui guette et l'on se prépare à étouffer un éclat de rire, à l'instar de ces ados complexés qui portent un appareil dentaire. On sourit en biais, on fait celle qui n'a pas compris

le gag, on prétexte une feuille de persil collée sur ses incisives pour échapper à la franche rigolade. De là à redouter une perte des eaux en plein meeting, il ne faut pas pousser… Surtout pas pousser !

FUSION

Nous Deux

Rien à voir avec la lave, si ce n'est la couleur des tétons des femmes allaitantes, profondément épanouies de « fusionner » avec leur enfant à chaque repas. Certaines frôlent même la transe à la simple idée de soulever leur T-shirt ou leur chemisier, et d'aller s'isoler avec le/la goulu(e) pour un moment de félicité intense, lequel se clôturera par un rot d'anthologie sur l'épaule de la mère nourricière.
« Fusion » rime d'ailleurs souvent avec communion, Jojo/Juju jouant le rôle de l'hostie, bien que ce soit sa langue qui se colle à la mère et non la langue de la mère qui se colle à lui. Entendez ces femmes à la poitrine replète vous vanter les mérites des multiples tétées dont elles semblent gratifier leur petit !
Au chapitre fusionnel, mentionnons également le co-sleeping, ou comment incruster Jojo/Juju sous la couette l'air de rien. Primo parce que ça l'aide à s'endormir. Deuxio parce que ça VOUS aide à VOUS endormir (fait assez rare pour être souligné). Tertio parce que ça vous/le rassure. Un bébé en guise

de bouillotte, pourquoi pas ? Mais gare aux effets secondaires : phénomène d'addiction chez l'enfant (qui, à six ans, voudra vous réciter sa poésie à la lumière de votre lampe de chevet et aucune autre), accoutumance chez la mère (qui extirpera des cartons son doudou-de-quand-elle-était-petite pour faire placebo), et lassitude manifeste chez le père (qui ne peut même plus ronfler en paix).

> Au chapitre fusionnel, mentionnons également le co-sleeping, ou comment incruster Jojo/Juju sous la couette l'air de rien. Primo parce que ça l'aide à s'endormir. Deuxio parce que ça VOUS aide à VOUS endormir (fait assez rare pour être souligné). Tertio parce que ça vous/le rassure.

GARDE-ROBE

J'me sens pas belle

Adieu tops, slims, bustiers ! Bonjour leggings, tuniques, gilets ! Si la future grosse se rêve en Bar Refaeli de la grossesse, c'est parce qu'elle fantasme de pouvoir enfiler – à son tour – des jeans à rabat, des jupes aussi élastiques que du chewing-gum, et des petits hauts dos nageur vantant ses formes généreuses. Elle se dit que, une fois le ventre bien rond, elle pourra elle aussi ressembler à une working girl que rien n'arrête, pas même douze kilos en trop. Les magazines et catalogues qu'elle reçoit miraculeusement dans sa boîte aux lettres (merci les fichiers partagés de la CAF) ne vantent-ils pas en images le bien-être resplendissant de jeunes mères bien dans leurs escarpins, à l'aise dans leur robe gipsy et sexy en diable dans leur nuisette ? Si ! Alors, il est temps de passer aux choses sérieuses et de faire un peu (beaucoup) de place dans les placards. En effet, les fringues de grosse prennent plus d'espace que les fringues de maigre. C'est mathématique. Et si l'impatience gagne toutes celles qui ne pensent qu'à exhiber leur ventre sous un bandeau fluo (genre « regardez comme je suis enceinte »), elle gagne proportionnellement toutes celles qui, une fois maman, ambitionneront tout autant de « redevenir comme avant ». L'œil humide, elles resteront alors plantées devant leur dressing l'air de dire « mais qu'est-ce que j'ai fait, bordel ? » ; essaieront un jour sur deux de rentrer au chausse-pieds dans leur combi-short d'antan ; regretteront de devoir écarter de la pile les petits hauts trop petits et les chemises slim trop slim ; avant de se rabattre, désespérées, sur le pantalon gris qu'elles ont tant aimé et qui, aujourd'hui, a le défaut de « pocher » au ventre… mais pas au cul.

GÉNÉRATIONS

De mère en fille

Deux petits pieds qui sortent d'un long tunnel et ça décale tout. La fille devient mère, la mère devient grand-mère et la grand-mère devient arrière-grand-mère. Même remarque du côté des mâles : un fils qui devient père (mais qui reste fils, ô combien), un père qui devient grand-père et un grand-père qui devient arrière-grand-père. Chacun en prend pour son grade, se prend un coup de vieux et, au passage, un surnom. Celui-ci peut tomber sous le sens (papy, mamy, grand-papa, grand-maman, daddy, Nanny…) ; ou devoir être inventé. C'est là que ça se corse. Entre coquetterie et symbolique, les susceptibilités s'exacerbent. Votre mère tient à Maminou ; vous refusez d'entendre Jojo l'appeler autrement que Mamili. Encore vert, votre père aimerait « Christian, tout simplement ». Ce sera « Papou » ou rien du tout : faudrait pas que Jojo en perde son latin. Libre à chacun, ensuite, de piocher dans la liste suivante, qu'il soit grand-parent ou arrière-grand-parent : MamiZane, Mamichette, Malou, Mamilou, Mamé, Mémé (désuet), Papiche, Papino, Papounet, Papigi, Papigé, Papillon… La liste est longue. Heureusement.

GRANDS-PARENTS

Thèse et antithèse

Ils ont été vous : de jeunes parents. Aujourd'hui, ils n'ambitionnent rien de moins que… de faire tout le contraire de vous. Ils ne pensent pas à mal ; seulement, ils font « à leur manière ». Et ça vous horripile. Retraités ne noircissant leur agenda qu'avec des cours de peinture sur porcelaine ou de nature morte, quand ils ne participent pas à un voyage organisé dans le Péloponnèse, ils auraient tout loisir d'organiser leurs journées en s'alignant sur le rythme de Jojo. Que nenni ! C'est cirque à 11 h 30 (deux heures quarante-cinq sans entracte et du pop corn pour tout déjeuner), micro-sieste dans le métro du retour, et balade à la nuit tombée dans les bois enneigés de février (sans écharpe ni bonnet, restés sur le strapontin du cirque précédemment cité). De même, et quand il n'y a pas cirque à 11 h 30 mais visite du zoo à 14 heures, Mamibiz pare au plus pressé pour le repas du midi. Des coquillettes « parce qu'il adore ça », plutôt que des petits pois, « trop longs à cuire » *(sic)*.

« Ils ont été vous : de jeunes parents. Aujourd'hui, ils n'ambitionnent rien de moins que... de faire tout le contraire de vous. Ils ne pensent pas à mal ; seulement, ils font "à leur manière". Et ça vous horripile. Retraités ne noircissant leur agenda qu'avec des cours de peinture sur porcelaine ou de nature morte, quand ils ne participent pas à un voyage organisé dans le Péloponnèse, ils auraient tout loisir d'organiser leurs journées en s'alignant sur le rythme de Jojo. Que nenni ! »

Lasse de leur répéter qu'ils sont – aussi – là pour prendre le relais de l'éducation que vous dispensez à la prunelle de vos yeux, vous avez renoncé à leur expliquer l'intérêt de l'apprentissage des formules de politesse « de base » et bondissez en aboyant « qu'est-ce qu'on dit ? » (variante de « j'ai pas entendu ! ») chaque fois que Jojo s'empare du gâteau sec tendu par Papino sans prononcer une syllabe. Lequel Papino vous soutiendra mordicus qu'« il l'a dit, il l'a dit ». C'est que vous devez être sourde.
NB : les paragraphes qui précèdent sont imprécis. Par « grands-parents », il faut en effet entendre « beaux-parents ». Chacun se reconnaîtra.

GRASSE MATINÉE

Le numéro que vous demandez...

Une erreur d'impression s'est malencontreusement glissée dans cet ouvrage. L'éditeur vous prie d'accepter ses plus sincères excuses.

GYNÉCOLOGUE

Partenaire particulier

Après le père, le deuxième artisan de votre grossesse. Votre vigie, votre garde du corps, votre chaperon, votre confident, celui/celle qui sait tout sur tout...

et sur vous, de A à Z. Différents profils cohabitent sur la planète. En voici trois, décryptés pour vous :

> Cette zénitude, pour les mamans à cran, y a pas à dire c'est pratique. Mais ça peut aussi être gonflant. Car oui, il y a des moments où l'on a envie de se faire plaindre ; oui, on peut avoir besoin de se faire enguirlander au motif qu'on a pris trois kilos en trois semaines ; oui, même si c'est pas grave pour elle/lui, nous ça nous ronge. Son argument choc ? "Vous avez tout le temps de vous inquiéter !"

Le gynéco poteau

C'est bien simple : lorsque vous lui avez annoncé que vous étiez enceinte, il a fait un bon sur sa chaise roulante avant de vous noyer sous un torrent de félicitations. Dans son cœur, un grand boum. Dans ses yeux, des euros sonnants et trébuchants. À lui les honoraires libres, les ordonnances à rallonge, les examens en self-service au labo du coin. Il n'empêche : poteau il est, poteau il restera. Sur son épaule, vous pourrez pleurer. À son oreille, vous pourrez vous interroger. Dans son cabinet, vous pourrez craquer. Levez le pied (de l'étrier), cependant, s'il vous demande d'être le parrain. Faudrait pas que dans dix ans il raconte tout à Jojo/Juju sur le pourquoi du comment il en est arrivé là.

Le gynéco zen

Tout va bien, rien n'est grave. Un début de mycose ? Ça se soigne très bien ! Un saucisson à l'ail dévoré à six semaines de grossesse ? Un plateau de sushis 24 pièces eût été pire ! Des triplés au lieu d'un ? Vous y arriverez ! Cette zénitude, pour les mamans à cran, y a pas à dire c'est pratique. Mais ça peut aussi être gonflant. Car oui, il y a des moments où l'on a envie de se faire plaindre ; oui, on peut avoir besoin de se faire enguirlander au motif qu'on a pris trois kilos en trois semaines ; oui, même si c'est pas grave pour elle/lui, nous ça nous ronge. Son argument choc ? « Vous avez tout le temps de vous inquiéter ! » Son adage numéro un ? « Petits enfants, petits soucis. Grands enfants, grands soucis. » Vous voilà bien avancée.

Le gynéco pas rigolo

Il est votre coach. Pas droit à l'erreur. Quand on dit quinze jours avant la prochaine prise de sang, c'est quinze jours et pas un de plus ! Au moindre comprimé d'acide folique oublié, c'est la punition suprême : légumes verts à tous les repas ! Une boule (de plus) au ventre, vous redoutez à chaque consultation les 500 grammes de trop sur la balance parlante. Si encore il était accort, bavard, avenant. Même pas : un poisson-lune, à côté, est une boîte à rires.

HÔPITAL

Votre deuxième maison. Une ligne directe vous relie d'ailleurs à elle depuis que vous avez fait pipi sur une bandelette, un matin au lever : pas une minute à perdre pour réserver une place neuf mois plus tard. Au téléphone, l'infirmière chargée des inscriptions s'est d'ailleurs bien fait confirmer que vous étiez en cloque. « Vous êtes sûre ? – Oui, oui. – Le dernier rapport date de quand ?… Vos dernières règles… ? » Aussitôt, vous vous êtes inquiétée de savoir s'il y avait des chambres individuelles et, si oui, si elles étaient climatisées (séjourner entre quatre murs jaune poussin avec deux nourrissons inconsolables, un moulin à paroles et un ventilo pour quatre peut en effet ne pas vous laisser que des bons souvenirs). On vous a répondu : « Ça dépendra de la place qui reste. » Logique. Rendez-vous est donc pris pour la fameuse « réunion d'information », grand-messe non cathodique mais réunissant nombre de spectateurs, tous de sexe féminin (plus quelques papas, conduits de force jusque-là). Un dossier, douze prospectus, une mallette et un montage de bourrichon sur la clope plus tard, vous voilà officiellement inscrite. Vous n'avez posé aucune question existentielle (l'assistance avachie, qui voit toujours plus loin que le bout de son nombril et s'imagine déjà à huit mois et demi, l'a fait à votre place) : « À partir de quand doit-on vous appeler si on sent des contractions ? » (numéro

un des ventes) ; « Peut-on garder ses lentilles pendant l'accouchement ? » (une esthète) ; « Est-il exact qu'on ne peut pas recevoir de fleurs dans sa chambre ? » (une cupide) ; « Proposez-vous un accouchement en piscine ? » (une folle) ; « Et si le bébé n'arrive pas à sortir… ? » (une flemmarde)…
Quatre mois plus tard, dans la salle d'attente du service gynécologie-obstétrique, vous rejoignez vos sœurs d'armes qui – toujours avachies, mais en salopette cette fois (autre fantasme vestimentaire de la femme enceinte) – lèvent péniblement le nez de leur revue chiffonnée datant de 1996. Une brochette de ventres gros et moins gros, surmontés par des mines non moins chiffonnées. Oui, vous en êtes, vous aussi. Toutes ces femmes qui s'apprêtent à repeupler consciencieusement la France, leur dossier médical dans le sac à main, la silhouette rebondie, faite pour enfanter… Le tableau pourrait être attendrissant mais… allez savoir pourquoi… il vous met mal à l'aise. En réalité, vous êtes contrariée : la recette du crumble poire-chocolat du magazine (poisseux) dont vous vous êtes emparée sur la table basse (poisseuse), pourtant plus récent (2003), a été arrachée depuis belle lurette. Et, bien évidemment, ne reste plus que celle de la salade de radis noir au blé concassé, dont personne n'a voulu. « Numéro 512 ! » C'est votre tour. Ça le sera encore quelques fois, jusqu'au jour fatidique de la sacro-sainte ponte.

“Vous aurez envie de pousser un grand coup et d'en finir une fois pour toutes. Julot sortira pour engloutir en douce sa barre chocolatée et envoyer un SMS à sa mère. Vous maudirez le système hospitalier à souffrir de la sorte et exigerez une péridurale sur-le-champ. On vous répondra à l'envi que "fallait pas venir si tôt" et vous vous ferez - presque - engueuler.”

Ce jour-là, il vous manquera forcément un papier. Et vous serez venue trop tôt. Mais bon, on vous gardera « quand même », un monitoring sur le bide et deux doigts d'apprentie sage-femme dans le vagin (ceux des sages-femmes confirmées sont réservés aux grossesses difficiles ou à celles qui ont eu le talent de venir « pile au bon moment »). Vous verrez vous passer sous le nez le goûter des parturientes (biscottes/compote/yaourt nature) ; vous entendrez les infirmières glousser en écrivant au tableau les prénoms des nouveau-nés (« Honoré ? Faut mettre un « h » à Honoré ? ») ; et, pour peu que vous soyez venue vraiment trop tôt, vous verrez défiler trois aides-soignantes différentes en l'espace de cinq heures, qui toutes se présenteront par leur prénom et arboreront sur leur blouse un joli badge en bois. Des vapeurs de rôti de dinde-haricots verts viendront vous frôler les naseaux et vous faire vomir le peu de biscuits qu'il vous restait encore au fond de l'estomac pour tenir le choc. Vous aurez envie de pousser un grand coup et d'en finir une fois pour toutes. Julot sortira pour engloutir en douce sa barre chocolatée et envoyer un SMS à sa mère. Vous maudirez le système hospitalier à souffrir de la sorte et exigerez une péridurale sur-le-champ. On vous répondra à l'envi que « fallait pas venir si tôt » et vous vous ferez – presque – engueuler.

HORMONES

Entrez dans la danse

> « Une bonne plaquette de pilule contraceptive là-dessus et il n'y paraîtra plus. »

Un peu comme les vieux se donnent rendez-vous sur la place du village pour une virée en Andorre, les hormones se pressent à chaque grossesse au « point rencontre » de votre organisme. Le tout avec une ponctualité irréprochable. Par ordre d'apparition : l'HCG, la progestérone, les œstrogènes, la prolactine, l'ocytocine, les endorphines, l'adrénaline… Dans le casting, chacune tient un rôle bien précis, sur lequel vos humeurs et la couleur de vos fonds de culotte vous éclaireront bien plus encore que n'importe quel bouquin ou discours médical. Mais attention : plus dure sera la chute ! Au lendemain de l'accouchement, la moindre contrariété pourra être la source d'une frustration aiguë. Par exemple, si :

- On vous pique vos cotons-tiges à la nursery.
- La dame de service, qui vous avait promis merguez-semoule le matin, vous apporte une blanquette au déjeuner.
- Vous faites tomber votre shampooing dans la douche.
- Votre meilleure amie annule sa visite à la maternité.
- L'ostéo ayant examiné Jojo vous dit qu'il devait être « mal placé » dans votre ventre (voir CULPABILITÉ).
- La sage-femme vous annonce que vos grandes lèvres sont « un peu tuméfiées » (en réalité, on dirait deux escalopes milanaises sans la panure).
- Il n'y a plus de Twix au distributeur.

Une bonne plaquette de pilule contraceptive là-dessus et il n'y paraîtra plus.

HYPERACTIVE

Rachida, mon héros

Souffler, elle ? Jamais ! Chauffée à bloc par les hormones, la femme enceinte hyperactive ne s'autorise aucun break. « Enceinte, c'est pas une maladie ! », claironne-t-elle dans les couloirs de sa boîte, après avoir attendu cinq mois et demi avant de cracher officiellement le morceau (DRH mis à part). Si elle avait attendu davantage, on l'aurait soupçonnée de faire un gros déni. En attendant la ponte, elle dit « oui » aux séminaires, « oui » aux conf-call en horaires décalés, « oui » aux extras au resto avec les clients américains, « oui » aux réunions dès potron-minet. Elle a banni les ballerines de son vestiaire et s'emploie à ne porter QUE des talons. Elle galope à la même vitesse qu'avant et n'a qu'une crainte : qu'on lui demande si elle n'est « pas trop fatiguée ». Congé mat ou pas, elle a décidé de bosser « jusqu'au bout », voire même d'accoucher sur zone, et de revenir « le plus tôt possible ». Son job, c'est sa came. Son héros, c'est Rachida. Faudra pas venir pleurer après…

JAUNISSE

Également appelée ictère du nouveau-né, la jaunisse est le « baccalauréat à l'envers » du nourrisson : s'il l'a, il reste à la maternité. S'il ne l'a pas, il a le droit de sortir. Les bébés échouant à cet examen de passage sont néanmoins gratifiés de séances de photothérapie gratos, à ceci près qu'ils les font nus dans leur couche, des compresses à la place des yeux et au milieu de tous leurs petits camarades. Le premier qui redevient rose a gagné. Pour les cas intermédiaires, quelques séances de transat devant les fenêtres du salon suffiront.
À noter que le grand jeu de certaines mamans insomniaques consiste à errer nuitamment dans les couloirs de l'hôpital et à sa faufiler dans la salle de bronzage pour voir qui a le taux de bilirubine le plus élevé. On s'amuse comme on peut.

JOUETS

Space Invaders

Jojo n'avait pas deux semaines que, déjà, vous rêviez de le voir attraper sa girafe couinante (achetée sept mois plus tôt) et mordre son anneau de dentition. Sans doute imaginiez-vous la tendresse de vos jeux avec lui, la douce torpeur nimbant vos échanges ludo-éducatifs, l'émerveillement suscité par ses progrès en motricité. Mais vous avez bien fait d'attendre.

Aujourd'hui, Jojo a cinq mois, deux dents, et trente-quatre jouets différents (trente-six si on compte la girafe couinante en triple exemplaire). Votre séjour a tout d'un mini-club et, lorsque le tapis d'éveil empiète sur le tapis à longues mèches en laine, il n'est pas rare que vous vous luxiez le petit orteil sur ses maracas en plastoc. En plastoc, oui. Vous vous étiez pourtant juré de n'acheter que des jouets en bois, et aviez même délivré la consigne à votre entourage : « Pas de jouets en plastique, hein ! Trop criard, trop moche… Je veux des jouets QUI RESTENT ! Des VRAIS jouets en BOIS ! » Sur la commode de Jojo trône donc une tirelire (en bois), une voiture anglaise (en bois) et une boîte à musique (en bois). La première ne servira jamais, sinon à la nounou qui la pillera pour s'acheter des capsules de café ; la deuxième ne roulera pas, des fois qu'elle se casse, et la troisième finira aux encombrants (non pas qu'elle encombre, mais sa mélodie vous est devenue insupportable).
D'une manière générale, quantité de bidules (de bain, d'éveil, d'imitation, de société, de plein air…) s'entasseront dans votre domicile, annexe bien malgré vous d'un hypermarché du jouet. Un jour, vous craquerez. Déciderez qu'il est temps de faire des achats « intelligents », comme des cordes à sauter, des puzzles… Ils seront en bois. Oui. Et alors ?

« D'une manière générale, quantité de bidules (de bain, d'éveil, d'imitation, de société, de plein air...) s'entasseront dans votre domicile, annexe bien malgré vous d'un hypermarché du jouet. »

KILOS

Pas grosse. Enceinte.

"Avant de monter sur le pèse-personne, parlant à son médecin, elle prévient honnêtement "C'est un carnage, je préfère vous le dire." Il lui répond, depuis son bureau : "Je vous le confirme : c'est un carnage." Plus 6 kilos à deux mois et demi de gestation : on frôle la surcharge pondérale. Une prise de poids à multiplier par trois, voire quatre, en fin de parcours. Il était temps que ça s'arrête."

Poudre magique émanant de la baguette de Dame Nature qui décide si oui, ou non, la femme enceinte va se transformer en sirène ou en pachyderme.

Option sirène

Béatrice a tellement « été malade » (= vomi ses boyaux) les six premières semaines que, même enceinte de jumeaux, elle a retrouvé la taille de guêpe de ses 20 ans. À l'heure où d'autres courent les magasins à la recherche de jeans taille basse/hanches larges, elle troque son 40 contre du 38 et ne loupe pas un cours de gym suédoise. « 1 mois, 1 kilo », lui a dit son médecin. Elle est dans les clous et jure ses grands dieux qu'elle « mange de tout, sans (se) priver ». Pire : hier, à table, elle s'est resservie de gratin dauphinois ! Quelle effrontée, cette Béatrice !

Option pachyderme

Depuis l'adolescence, Alice sait qu'elle a la culotte de cheval d'un percheron. La grossesse ne devrait rien arranger, pour elle qui ne peut réfréner des élans de cleptomanie jusque dans le cadre familial (elle pique le goûter dans le cartable de son aîné). Avant de monter sur le pèse-personne, parlant à son médecin, elle prévient honnêtement « C'est un carnage, je préfère vous le dire. » Il lui répond, depuis son bureau : « Je vous confirme : c'est un carnage. » Plus 6 kilos à deux mois et demi de gestation : on frôle la surcharge pondérale. Une prise de poids à multi-

plier par trois, voire quatre, en fin de parcours. Il était temps que ça s'arrête.
NB : Parole de gynéco (et de mère) : « Dans “grossesse”, y a “grosse” (ma chérie). »

KILOMÈTRES

Une fois mère, on ne les avale pas. On les engloutit. Le simple fait de voir Jojo répondre positivement au réflexe de la marche automatique moins de cinq minutes après avoir été expulsé aurait dû nous alerter. Dans notre vie de parent, quatre familles de kilomètres occupent le terrain.
Ainsi y a-t-il :

- **ceux qu'on fait à pied.** Sur la liste de fournitures donnée par la maternité ne figurait pas le podomètre. Dommage ! Compter la distance parcourue dans les couloirs de l'hôpital avec un berceau en guise de déambulateur aurait pu amuser celles qui les ont parcourus en long, en large, en travers, en crabe, et même en marche arrière. Ou, à défaut de les amuser, tout du moins les distraire. Contraintes d'écumer sous les néons blafards tous les coins et recoins de l'étage, dans l'espoir vain d'endormir Jojo, celles-ci sont désormais à même de réciter par cœur le texte des affiches informatives ornant les murs pastel dudit établissement, voire de dessiner un plan ultra précis, à l'échelle 1/50, du service maternité. Idem à domicile : à force de bercer Jojo et son reflux gastrique/ses coliques/sa fièvre dans l'appartement, elles ont eu le temps de détecter les micro-fissures du plafond, la lame de parquet posée de travers par José l'ouvrier, le set de table manquant sur la pile gauche du buffet, le tiroir bringuebalant de la console, les magazines hors d'âge qu'il faudra bientôt trier, etc.

- **Ceux qu'on fait en landau.** Passés les quinze jours de quarantaine, la jeune maman a le droit de ne plus rester cloîtrée chez elle à regarder son lardon dans le blanc des yeux. C'est pas le tout mais faudrait peut-être rentabiliser le landau-nacelle de fabrication canadienne (super résistant au froid) qu'on a importé à grands frais du pays des caribous. Sentant souffler le vent de la liberté dans nos cheveux, on ne se sent plus de joie. Et puis, ô joie, ô doux espoir, des ailes nous poussent dans le dos. Jojo emmitouflé dans son pilote, on drive l'engin comme si on venait de passer son permis. Tant et si bien que plus rien ne nous effraie, pas même un aller-retour à Gif-sur-Yvette par la piste cyclable. Même pour aller chercher du pain, c'est la grande odyssée.
- **Ceux qu'on fait en poussette.** Qu'il pleuve, qu'il vente, qu'il neige ou que le bitume transpire à grosses gouttes, la maman itinérante ne connaît aucune limite. Guidée par une force obscure (sorte de GPS interne), elle sillonne tout d'abord son quar-

tier, puis son arrondissement, puis sa ville, sans même se rendre compte du temps passé à espérer… une sieste (de la part de Jojo, la sienne pouvant largement attendre les prochaines vacances). Mue par le souhait de « faire prendre l'air » au petit, elle enquille les kilomètres avec l'endurance d'une marathonienne, non sans s'octroyer quelques pauses salutaires dans les boutiques (toujours les mêmes). Passionnément, à la folie, mais jamais pas du tout, cette maman-là met un point d'honneur à balader Jojo le dimanche et les jours fériés. C'est son trip.

- **Ceux qu'on fait en voiture.** Pour aller à la crèche, pour aller chez le docteur, pour aller à Ikea, pour aller à l'hypermarché chercher LE lait en poudre 20 % moins cher que chez (son copain) le pharmacien, pour le plaisir, pour aller montrer Jojo à tante Monique, pour aller se faire arnaquer chez l'ostéo, pour revenir de la crèche, pour aller (mendier) à la CAF/la CPAM, pour gagner du temps (qu'on perd en essayant d'arnacher solidement son jeune passager dans son siège auto), pour Pâques, pour prendre l'air (sous le tunnel embouteillé), pour endormir Jojo (qui hurle à la mort)…
- **Ceux qu'on fait à vélo.** Quand vraiment on ne sait plus quoi faire et que, dans un élan de masochisme, on se dit que ça serait bien d'aller se perdre en famille dans la forêt voisine. Mais là, faut vraiment être au bout du rouleau.

LAIT

À consommer sans modération

Le narcotique du bébé. Sa dope, sa dose, son shoot, son joint. À peine sous les sunlights de la salle d'accouchement, déjà il ne pense qu'à ça. Comme si, neuf mois durant, il s'était fait un film en 3D de l'orgie liquide qui l'attendait à la sortie. En découvrant son visage après avoir poussé comme une bête, on n'a d'yeux que pour ses yeux ; lui, que pour nos seins. Pas pour rien qu'il y grimpe comme jadis Herzog gravit l'Annapurna. Certains trouveront tétons clos et se jetteront sur les bibs en open bar ; d'autres, adeptes de la fusion food (voir ALLAITEMENT et FUSION), vous transformeront en brique UHT.
Durée de la peine : un an ferme minimum.
Libération conditionnelle : pas avant l'arrivée des petits suisses.

LECTURES

Abonnée absente

En la matière, force est de constater qu'il y a un avant, un pendant, et un après bébé.

Avant : impossible de procéder à l'extinction des feux sans avoir dévoré deux chapitres au moins du palpitant polar suédois que votre libraire vous a conseillé, « à vous qui lisez beaucoup ». Il fait 617 pages écrites en police de caractère 8 et vous retardez le moment où vous arriverez à la dernière page. Allongé contre vous, Julot se délecte en faisant sa revue de presse ; vous souriez, de votre côté, en pensant au magazine de cuisine que vous vous êtes gardé bien au chaud pour le lendemain, lorsque sonnera l'heure de s'enfermer aux toilettes pour déchirer avec application et suivant les pointillés la fiche de la salade Copacabana.

Pendant : les trois volumes version poche de *Ma grossesse au jour le jour* et *Mère avant tout* ont remplacé les revues féminines et les romans bien troussés. Vous aurez tout le temps de lire « vraiment » pendant votre congé mat (mais bien sûr…). Grosse des œuvres de votre cher et tendre depuis six semaines à peine, vous trichez en allant jusqu'à la page 65, qui parle du rendez-vous chez l'anesthésiste. Très instructif… Dans *Mère avant tout,* il est question d'éducation et de tendresse : une occasion rêvée pour prendre de bonnes résolutions qu'on ne tiendra pas.

Après : il est temps de faire du tri du côté de la table de chevet, qui suffoque sous les sept derniers numéros de *Cuisine & Cie,* encore sous blister. Étonnant, même, que la femme de ménage n'en ait toujours pas fait don au tri sélectif, elle qui – mine de rien – a finalement beaucoup plus le temps de lire que vous. Avec l'énergie d'un filet de sandre, et lovée dans votre combishort en polaire, vous êtes tout juste bonne à dépiauter le guide touristique de vos prochaines vacances en Bretagne. Vous lisez un mot sur deux… puis sur trois… puis sur dix… À kouign-amann, vous lâchez prise : dodo !

> « Avec l'énergie d'un filet de sandre, et lovée dans votre combishort en polaire, vous êtes tout juste bonne à dépiauter le guide touristique de vos prochaines vacances en Bretagne. Vous lisez un mot sur deux... puis sur trois... puis sur dix... À kouign-amann, vous lâchez prise : dodo ! »

MALADRESSE

Deux mains gauches

Signe avant-coureur de la grossesse. Si vous en êtes encore à dépenser vos grosses coupures en tests d'ovulation et autres ClearBlue, jugez plutôt de votre aptitude à remplir une salière par le dessous sans tout verser à côté ou à ouvrir un sachet d'emmental râpé sans improviser un feu d'artifice fromager dans votre cuisine. Ça ne marche pas à tous les coups mais, la plupart du temps, ça se vérifie. Heureusement, ça va aussi en s'arrangeant. Et bientôt, enceinte de trois mois, vous réussirez l'exploit de mettre un bouquet de tulipes dans un vase sans tout inonder.

MAMAN

T'as entendu ?

Matin d'automne, matin gris, il est 7 heures et c'est samedi. Jojo déclame dans son lit à barreaux, réclame sa pitance ; la journée va être longue… Nuisette en vrac, pieds gelés, vous affichez un sourire forcé au moment de pousser la porte de sa chambre. Oui, il est mignon ; oui, vous donneriez cher pour fuir à reculons et retourner faire la loutre aphasique sous la couette. Zip de la turbulette. Plic-plic du pyjama à pressions. Cadeau du matin, chagrin : quel gros caca que voilà ! La mine lasse, vous vous emparez du carré de coton et de la lotion micellaire. Lou Ravi vous sourit, au moment même où vous le gratifiez d'un « C'est pas possible de chier autant, mon p'tit chat… » Bah si, c'est possible. Et là, le miracle se produit. Le tube de crème pour le siège en guise de micro, Jojo lâche « Ma-ma… » Hein ? Quoi ? « T'as dit "maman" ? » Silence radio. Sourire banane (des deux côtés). Vous tentez une relance à la rusée renarde. « Maman… Jojo. Dis "maman !" » Prout forcé chez l'intéressé. Julot est appelé à la rescousse. « Pierre, tu dors… ? Tu dors ?? » Grognement d'outre-grotte. « Il a dit "maman" ! » « Ma-ma… » « T'entends… Ça y est, il sait dire "maman" ! » Séquence émotion. La nuisette fait mouchoir. Ce qu'on peut être bête, parfois.

MARKETING

Top tendance

La femme enceinte, puis la jeune mère est la proie idéale du marketing de tout poil. Aussi vulnérable qu'un lapin de garenne au milieu de l'autoroute, elle tombe dans tous les panneaux (ou presque). Les observateurs noteront ainsi que le simple oreiller s'est fait damer le pion par le « coussin d'allaitement », que le chauffe-biberon électrique a fait l'objet d'un putsch de la part du robot à biberons instantanés, et que le sac kangourou bleu marine a singulièrement manqué d'arguments face à « l'écharpe de portage » en coton bio. Haro, aussi, sur la vulgaire cuillère en

inox, ennemie jurée des quenottes en devenir et du palais délicat de l'apprenti ogre. Sous peine de poursuites, la maman se sentira dans l'obligation d'investir dans une demi-douzaine de cuillères thermosensibles, à bout souple, douces, de forme étroite et au manche bien long (si tant est que la profondeur abyssale des petits pots nécessite un manche aussi télescopique qu'un puits de forage). Et, si un jour elle se rebiffe en changeant d'ustensile, elle aura mauvaise conscience jusqu'au goûter, s'imaginant déjà que Jojo a attrapé le scorbut.
Alors ? Est-ce parce qu'elle est irrémédiablement diminuée mentalement par sa condition que la mère – accomplie ou en devenir – se saigne aux quatre varices pour des « séances de cardio-poussette », des « ateliers de musicologie maman-bébé », et des « cours de formation maman-bébé à la langue des signes » (comme s'il comprenait pas… !) ? Ou est-ce parce qu'elle s'emmerde, tout simplement ? Le jury appréciera.

MASOCHISME

Je peux le faire !

Penchant à caractère non sexuel qui se révèle au fur et à mesure chez la femme qui devient mère. Pour peu que celle-ci soit d'un tempérament fonceur,

une quantité infime d'embûches présentes sur son chemin l'empêcheront d'atteindre son but.
Elle doit rejoindre le fin fond de la Corrèze en train Corail couchettes avec deux changements, les cadeaux de Noël, les deux grands et le petit dernier ? Qu'à cela ne tienne ! Elle n'a besoin de personne en micheline.

> « Et, si un jour elle se rebiffe en changeant d'ustensile, elle aura mauvaise conscience jusqu'au goûter, s'imaginant déjà que Jojo a attrapé le scorbut. »

Elle a prévu de goûter chez sa cousine avec Jojo, après être allée chercher sa mère chez le coiffeur et avant de passer au pressing récupérer les quatre ensembles de draps 220 x 260 (une housse et quatre taies par ensemble) qui serviront à faire dormir ses

cousins sur le canapé-lit ce soir ? Elle ne voit pas où est le problème.
Elle a signé pour un livre de deux cents pages chez son éditeur alors qu'elle se débat avec un (vieux) divorce qui traîne en longueur, tente de driver Jojo sur des horaires décents et vient de se voir confier de nouvelles responsabilités au bureau ? Impossible n'est pas elle.
La mère d'aujourd'hui aime se faire mal et n'est jamais contre quelques séances de flagellation (ou d'autoflagellation). D'aucuns trouveront ça admirable. Ou excitant, c'est selon.

MATOS

Ça rentrera jamais !

Un lit, deux tiroirs et trois biberons : il fut un temps où l'on ne s'encombrait pas davantage à l'arrivée de l'enfant (roi). La déco, le pratique, la pollution, le prétendu gain de place, la mort subite du nourrisson et même le feng shui sont passés par là, au point de revoir très largement à la hausse la liste des fournitures INDISPENSABLES à l'accueil et au confort du chérubin.

Aujourd'hui…

- qui dit « table à langer » dit : matelas à langer, housse de matelas à langer, paniers de rangement, poubelle à couches, sac à couches (propres ET sales), crème pour le change, lotion nettoyante, lotion micellaire (la première qui donne la définition exacte de « micellaire » en gagne trois litres), solution oléo-calcaire, mouche-bébé, embouts pour mouche-bébé, cotons carrés, cotons ovales, carrés de toilette, eau de toilette sans parfum, sérum par-ci, suppos par-là…

- qui dit « jouets » dit : hochets, jouets de bain, livres souples, livres semi-souples, anneau de dentition, coffre à jouets, tapis d'éveil, arche d'éveil, trotteur, arceau sauteur, quilles en tissu, cubes en mousse (ou l'inverse)…
- qui dit « repas » dit : robot cuit-vapeur, stérilisateur à vapeur/micro-ondes/électrique, comprimés de stérilisation à froid, mélangeur de lait en poudre, boîtes doseuses, dosettes, assiette à ventouse, bavoir avec bac récupérateur d'aliments, tétines en silicone, tétines en caoutchouc, cuillères à bout souple, cuillères thermo-réactives, épaississant…
- qui dit « sommeil » dit : cale-bébé, mobile musical, mobile lumineux (ou les deux), plan incliné, nid d'ange (tu parles !), turbulette, gigoteuse (synonyme), surpyjama, lit parapluie, matelas d'appoint, baby coque…
- qui dit « poussette » dit : ombrelle, chancelière, canopy, pilote, coque, hamac, porte-bébé, sac isotherme, couffin, nacelle…

- qui dit « toilette » dit : éponge naturelle, transat de bain, siège de bain, anneau de bain, sortie de bain, cape de bain, gel pour les cheveux, savon sans savon, shampooing surgras…

« La grande question avec point d'interrogation en gras surligné étant, au petit matin d'un départ de grandes vacances en Bretagne (les premières de Jojo + vous), si... "tout va rentrer ?" Où ça ? Dans la voiture, pardi ! »

La grande question avec point d'interrogation en gras surligné étant, au petit matin d'un départ de grandes vacances en Bretagne (les premières de Jojo + vous), si…« tout va rentrer **?** » Où ça ? Dans la voiture, pardi ! Celle que Julot a eu l'intelligence de louer à son garagiste en échange de son coupé en révision. Coup de bol : y n'y en n'a pas deux comme vous pour agencer un coffre de break. En calant bien le coussin d'allaitement (même si vous n'allaitez pas) entre les roues de la poussette, non sans avoir enroulé les sangles du transat autour de l'appuie-tête de la banquette arrière, vous devriez pouvoir faire six cent bornes avec – seulement – les trois boîtes de lait de réserve et le stérilisateur électrique dans les guiboles (vos genoux étant réservés au pique-nique, que tout à chacun vous réclamera juste après le péage de départ). Vous êtes en nage, l'aînée chouine parce qu'elle n'a nulle part où poser son lecteur DVD portable pour regarder *Dirty Dancing*, Julot a une furieuse envie de tout annuler pour partir au Club Med et Jojo a déjà fait tomber sa tétine. Mais, au moins, TOUT RENTRE, donc. Alors bonne route !

NERFS

Non, j'fais pas la gueule !

Partie du corps humain mise à rude épreuve dès lors que la femme entre en mode « mère ». Un rien et ça dérape, à l'image d'un patineur burkinabé catapulté sur la glace du Trophée Lalique. C'est bien simple : chez la femme enceinte, tout est irritant.

Doté – dans le meilleur des cas – d'un sonar ultra développé et fort de six ans de vie commune, Julot détecte les signes avant-coureurs de votre pétage de plombs : mine renfrognée, lippe basse, hyperactivité côté rangement (depuis quand est-il interdit de ranger le placard à conserves dix minutes avant la fermeture de la crèche ?), marmonnage dans la barbe (« Pfft... même pas l'temps d'me maquiller, moi... ! Re-pfft). Frénétiquement, vous jetez le contenu de votre sac marron dans votre sac noir, ne mettez plus la main sur votre pass pro, demandez subitement « où sont passées les affaires de piscine ? » de l'aîné(e), tandis qu'au même moment la nounou appelle pour dire qu'elle a une gastro. Trop, c'est trop. Vous vous recroquevillez sur le tapis de l'entrée et pleurez de rage. Julot, finaud, lâche un « C'est les nerfs, ma chérie... » Et vous de lui rétorquer : « Mais non, C'EST PAS LES NERFS !... Chuis fatiguée, c'est tout » C'est tout mais c'est déjà pas mal.

Les livres posés sur votre table de chevet regorgent pourtant de trucs & astuces censés juguler ces sautes d'humeur (s'enfermer dans les toilettes et crier, prendre un coach sportif à domicile, user et abuser de l'homéopathie, passer le relais à une tierce personne, ou tout simplement enchaîner douze séries d'inspirations-expirations). Allez savoir pourquoi, tout cela n'est jamais possible. Soit parce que, respectivement, vous avez peur du ridicule, que Kevin ne prend plus les chèques emploi service, que les plantes vous donnent la nausée, quel la fameuse tierce personne a une gastro, ou parce que vous êtes sujette à l'asthme. Quant à planter tout le monde et partir en courant, trop risqué. Un seul secret, donc : re-la-ti-vi-ser. Un truc de mec, même pas écrit dans les livres, selon lequel « ça pourrait être pire ». En effet. Vous pourriez ne pas avoir de place en crèche ni de placard à conserves, pas plus que le choix entre deux sacs à main, voire… pas d'enfants. Ou des enfants culs-de-jatte qui ne vont pas à la piscine. Ce qui serait quand même beaucoup moins drôle, m'accorderez-vous.

NIAISERIES

Exquise extase

Ensemble de phrases courtes et généralement aberrantes émises par les parents à l'adresse de leur progéniture. Dix petits doigts « trop mimi », une touffe de cheveux « super doux » et une moue « tellement choute », et le moulin à niaiseries se met en marche. Ainsi, la frange la plus sénile de la population, adepte du commentaire en live devant la télé, a du souci à se faire. En effet, père et mère, eux, concurrencent les vieux en légendant à voix haute le moindre battement de cils de bébé. « Oh… Il bâille… » ; « Oh… il sourit aux anges… » ; « Oh… il tousse… » ; « Oh… il veut tenir son biberon… » ; « Oh… il suce son pouce… » ; « Oh… il a froid/chaud » ; « Oh… il prend son doudou… » La liste est longue des phases extatico-parentales.

> Néanmoins, c'est sur le terrain de la scatologie que sont battus tous les records. De fait, la plupart des mères/pères tirent une certaine fierté des capacités anales et urinaires de leur enfant. S'appropriant le contenu d'une couche comme une offrande, il n'est donc pas rare d'entendre l'un ou l'autre s'exclamer "Il M'A fait un beau caca !"

Néanmoins, c'est sur le terrain de la scatologie que sont battus tous les records. De fait, la plupart des mères/pères tirent une certaine fierté des capacités anales et urinaires de leur enfant. S'appropriant le contenu d'une couche comme une offrande, il n'est donc pas rare d'entendre l'un ou l'autre s'exclamer « Il M'A fait un beau caca ! » ou « J'AI eu droit à un gros pipi, ce matin. » Lorsque les généreux donateurs sont en âge de faire sur le pot, certains psys ne préconisent-ils pas un maximum de discrétion au moment de déverser le contenu dudit pot dans la cuvette des toilettes ? Sait-on jamais... Des fois que Jojo prendrait ombrage de cet immense gâchis...
De même, mieux vaut ne pas se faire surprendre en plein monologue avec son enfant. Notre réputation, en partie basée sur notre fort quotient intellectuel, en prendrait un coup. Car, que Jojo soit dans son bain, dans sa poussette, ou les quatre fers en l'air le temps d'un changement de couche, notre tentation est grande de vouloir échanger avec lui sur à peu près tout et n'importe quoi : la couleur des rideaux (« Ils sont de quelle couleur les rideaux, hein ? Ils sont de quelle couleur ? Ils sont veeerts... Le beau veeert... »), la météo (« Oh... zut alors ! Il pleut, Jojo ! Il pleut ? Ben oui, il pleut... Oh là, là... vite, vite, vite... On rentre à la maisoooonnnn... »), l'importance de la sieste (« Il a sommeil mon chaton ? Oh oui, il avait sommeil, ce bébé-là... Groooos dodo, le bébé... »).

NB : le clou du spectacle revient au rot, champion toutes catégories de l'extase parentale.

NOUNOU

Se procurer *Le Petit Dictionnaire énervé de Paris* (même auteur, même collection) et se reporter à BABY-SITTER. On prend les mêmes et on recommence. Extrait :

> Castée comme pour un télé-crochet, la baby-sitter parisienne (la nounou) se trouve au centre d'un marché de plus en plus juteux. Les meilleures s'échangent sous le manteau ; les pires sont blacklistées en moins de temps qu'il n'en faut pour mettre une couche ou ouvrir un petit pot courgette-pomme de terre.

PAPA

Élu de votre cœur devenu géniteur, membre à part entière de la famille que vous formez désormais. Comme il existe des milliers d'hommes différents, plusieurs espèces de papas peuplent la planète, révélant pour certains leur vraie nature (et vous aurez maintes fois l'occasion de le lui reprocher).

Le papa symbiose

C'est vous, mais sans les seins. Il a assisté à toutes les échographies, vous a accompagnée à chaque prise de sang, a dirigé une étude de marché complète sur les lits à barreaux, et insisté pour couper le cordon. Depuis la naissance de Jojo, pas un soir sans qu'il se soit mis aux fourneaux, pas un jour sans qu'il soit allé – liste des courses en main – s'immerger dans la foule des supermarchés pour ramener dans le nid votre pitance quotidienne. Sur le tas, il a appris comment changer une couche sans en mettre partout, ouvrir un paquet de lingettes en douceur, faire un lavage de nez au sérum phy sans craindre d'étouffer son enfant, enfiler un body par la tête et non par les pieds (trop fastoche !).

L'apprenti papa

Depuis que vous avez uriné sur la bandelette du test de grossesse, il compte sur vous pour lui expliquer le pourquoi du comment. Tout à la joie de devenir père, il ronge son frein en attendant de pouvoir annoncer la bonne nouvelle à votre belle-famille. Très investi mentalement (« j'ai intérêt à ramener des sous à la maison »), il n'a guère idée de ce qui va lui tomber dessus et persiste à croire que les prochaines grandes vacances seront l'occasion pour lui de recharger les batteries. Tableau attendrissant que vous vous gardez bien de noircir, estimant que la vie se chargera de lui prouver par X + Y combien il fait fausse route. Le moment venu, il faudra redoubler de patience et d'abnégation pour qu'il se sente autonome, à même de stériliser seul un biberon et de sortir Jojo du bain sans lui faire mordre l'émail.

Le papa intermittent

Il n'a pas pris son congé paternité parce que « ça sert à rien qu'on soit deux » (ah bon ?) et refuse d'aller acheter des couches « sinon ça sera encore pas les bonnes ». Ne pas s'énerver. Ruser. Lui proposer de prendre le relais lors de votre week-end de séminaire. « Et on dit à ta mère de venir, alors ? » Raté ! Ne pas abandonner et négocier âprement. Lui promettre une vraie grasse mat s'il vous décharge des trois prochains repas de Jojo. Tope là ! Réitérer l'expérience jusqu'à ce que ça rentre.

Le papa joueur

L'oreille collée à votre abdomen dès la troisième semaine d'aménorrhée, il n'avait d'ouïe que pour le fœtus. Lui tenant de grands discours jusque tard dans la nuit, il s'amusait du moindre mouvement sous-cutané, quand bien même celui-ci était le fruit de pures flatulences. Plus tard, se documentant sur les secrets de la vie intra-utérine, il s'est chargé de l'éducation musicale de bébé, alternant les Stones et Verdi en Dolby surround via un casque audio. Il se targue aujourd'hui de savoir imiter tout ce que la ferme compte d'animaux et a commandé pour Noël un théâtre de marionnettes. Dieu soit loué, il ne vous demande pas de participer. Tant mieux : vous avez toujours détesté Guignol.

PAPERASSE

Chaque feuille à sa place, une place pour chaque feuille

Vous le savez : un classeur de 120 pochettes transparentes ne suffira jamais pour ordonner tous les documents inhérents à votre état. Méthodiquement, vous avez placé la déclaration de grossesse en pole position et le calendrier des examens obligatoires en deuxième. C'est un bon début. Avec le récépissé de la demande de place en crèche et l'accusé de réception de rattachement anticipé à la mutuelle, ça fait déjà quatre vues de bouffées recto-verso. L'achat de dix intercalaires s'impose, dans la mesure où vont notamment venir s'ajouter les résultats de prises de sang, les comptes-rendus d'échographie, les demandes d'entente préalable, les ordonnances d'acide folique, les dossiers d'admission à la maternité (un pour vous, un pour l'infirmière en chef, un pour le service de gynécologie-obstétrique de l'hôpital, un pour la sage-femme), votre attestation de carte vitale, votre carte de groupe sanguin (avec deuxième détermination), la première attestation des examens médicaux de grossesse (huit autres suivront, gardez la place), un double de la déclaration de ressources pour la CAF, l'accusé de réception de votre demande Pajemploi, les feuillets détachables à adresser à la CPAM… Et en dépit de tous ces efforts d'archives, soyez certaine d'une chose : le jour où l'on vous demandera le formulaire Cerfa n° 15489*Z, vous tournerez frénétiquement les pages de votre classeur en vain et fondrez en larmes au bureau des admissions de la maternité.

> Et en dépit de tous ces efforts d'archives, soyez certaine d'une chose : le jour où l'on vous demandera le formulaire Cerfa n° 15489*Z, vous tournerez frénétiquement les pages de votre classeur en vain et fondrez en larmes au bureau des admissions de la maternité.

PARC

Par ici la sortie !

Dans son one-woman-show « Mother Fucker », l'humoriste Florence Foresti qualifie le parc de « cimetière des mamans ». Nous rendrons hommage, ici, à la justesse de sa définition, en laquelle chacune d'entre nous se reconnaîtra. Clairement, une petite mort nous envahit une fois franchi le portillon grinçant de ces enclos exhalant le sable mouillé, la compote de pomme et la feuille de marronnier. Passage obligé des longs dimanches d'automne (mais aussi d'hiver… de printemps… et d'été), le parc ne manque pas d'atouts pour nous faire retomber en enfance (glissades effrénées sur le toboggan, monticules de sable érigés en châteaux improbables, jeux d'eau à la fontaine…). Bizarrement, on se prend systématiquement un sacré coup de vieux, avec cette petite voix, au fond de nous, qui chuchote : « Tu t'emmerdes, hein ? » Se l'avouer n'est pas interdit. Au début si vigilante, à l'affût de la moindre chute de Jojo ou du coup de pelle fatidique asséné à son voisin de bac à sable, on éprouve au fil du temps de moins en moins de scrupules à fourrer le nez dans son magazine et à fumer sa clope au bout du banc, tout en téléphonant à sa grande copine Sophie. Jojo a ôté ses chaussures et flingue avec application ses chaussettes blanches dans une flaque d'eau croupie ? Du moment qu'il s'amuse… Le moule tortue a disparu mais vous avez gagné trois râteaux, dont un rose ? Tant mieux, ça vous sera utile pour planter vos bégonias. Les pigeons envahisseurs se font un festin des biscuits fourrés au chocolat à même la main de votre fils ? Pauvres bêtes…

Lieu de déprime, donc. Mais lieu de rencontres, aussi. Avec les autres mamans (forcément plus prévoyantes/attentives/impliquées/habillées que vous), avec les mamies (qui n'en finissent plus de vous interroger sur l'âge, la taille, le poids de votre enfant), avec les nounous (qui rêvent de faire amie-amie avec vous et – qui sait ? – de décrocher le job de leurs rêves en démontrant sous vos yeux l'étendue de leurs talents).

Lieu de chasse, enfin. Car c'est dans ce même parc qu'un jour de semaine, à l'heure du goûter, vous sècherez la réunion marketing pour venir rôder incognito et vérifier que Paula, votre baby-sitter, supervise les jeux d'escalade de vos enfants et ne court pas les magasins pour faire les soldes.

PARRAIN/MARRAINE

And the winner is…

Qu'on soit pro ou anti-baptême, on peut souhaiter que Jojo n'erre pas seul sur le chemin de la vie. Aussi est-il nécessaire de lui choisir, d'un commun accord, un parrain et une marraine. Le « d'un commun accord » a ici son importance. Car qui nous dit que Julot n'aura pas envie d'en profiter pour caser son cousin Xavier – « qui n'a jamais été parrain, alors que ses frères si » –, et que belle-maman ne mettra pas son grain de sel pour que Julot choisisse sa sœur, sa « pauvre sœur qui serait tellement contente » ? Qui nous dit, aussi, que vous n'hésiterez pas entre votre « grande copine Steph » et votre cousine Alice, « qui pourrait aussi faire baby-sitter » ?

Quoi qu'il en soit, la personnalité de parrain et marraine devra revêtir plusieurs qualités, indispensables à vos yeux :

- aimer les enfants (= être capable de changer une couche de diarrhéique sans haut-le-cœur),
- être pédagogue (= prendre spontanément le relais sur les devoirs de vacances lorsque vous perdrez patience),
- être disponible (= pour tenir le stand de chamboule-tout à la fête de l'école),
- avoir la fibre artistique (= pour ne pas foirer les photos du spectacle de danse ou de la compète de judo).

PÉDIATRE

Le Sauveur

De genre masculin ou féminin, le/la pédiatre est un peu le Zorro de votre existence depuis que l'enfant a paru. Vous l'avez casté comme on caste une nounou, enquêtant çà et là auprès de votre entourage pour savoir qui était le « king » du quartier, la « wonder woman » du coin. Celui qui a un détecteur de microbes à la place du nez ou celle qui comprend au quart de tour vos angoisses (totalement irrationnelles) de maman over flippée ; celui qui consulte même le samedi ou celle qui vous prend à l'heure ; celui qui ne se sert pas de son ordonnancier pour vous écrire un roman ou celle qui ne se contente pas de préconiser le port de la cagoule pour lutter contre les otites à répétition. Ils et elles sont rares, et il y a fort à parier que vous ne décrocherez pas le gros lot du premier coup. Trop mou, l'un a mis douze minutes à mesurer le périmètre crânien de Jojo. Trop pressé, l'autre vous a réquisitionnée pour remplir le carnet de santé sous la dictée ; trop en retard, un troisième a attendu que vous inhaliez bien en profondeur les miasmes de sa salle d'attente bondée avant de vous expédier – vous et votre enfant – en sept minutes chrono. Trop demandé, un dernier vous a assommée avec ses dépassements d'honoraires. Le dernier sera sans doute le bon. Et si en plus c'est une bombe, alors bichonnez-le !

PÉRIDURALE

À prendre ou à laisser

• *À l'attention des warriors de l'*étrier

Passez directement au mot suivant. Et n'oubliez pas de serrer les dents.

• *À l'attention de celles qui ont peur des piqûres/de rester paralysée/de tomber dans les pommes/de ne pas sentir l'enfant naître (comme si quatre kilos de barbaque pouvaient passer inaperçus, même sous anesthésie)*

Aucu ! Aucu ! Aucune hési-tation !

• *À l'attention de celles qui, après avoir morflé neuf mois, n'envisagent pas de morfler ne serait-ce que neuf heures de plus*

1) Profil bas lors du rendez-vous avec l'anesthésiste. En amont, faites vous briefer un max par vos aïeux afin d'être certaine que tout spectre d'antécédent grave est éloigné.
2) Ne pinaillez pas sur le fait qu'on vous demandera d'enlever vos lentilles de contact.
3) Ne le braquez pas en lui demandant « c'est vrai qu'on peut être paralysée si ça se passe mal ? »
4) Ne craignez pas de passer pour Quasimodo lorsqu'il vous demandera de « faire le dos bien rond », là, au bord de la table d'examen.

- *Le jour de l'accouchement :*

  1) Ne vous montrez pas excessivement impatiente : vous n'êtes pas la seule à être dans les starting-blocks !

  2) Une fois la péridurale posée, n'entamez pas une série de positions yogi.

  3) Si vous êtes munie d'une pompe doseuse, n'attendez pas que la contraction soit là pour vous envoyer un shoot.

  4) N'abusez pas de la pompe doseuse : deux giclées de trop et vous serez à deux doigts de candidater pour les prochains JO paralympiques tellement vous ne sentirez plus vos jambes.

  5) N'incantez pas la terre entière une fois le bébé expulsé : dans votre élan, vous risqueriez de vous débrancher toute seule et de vous faire une vilaine cicatrice.

« 1) Ne vous montrez pas excessivement impatiente : vous n'êtes pas la seule à être dans les starting-blocks ! »

PÉRINÉE

On serre les fesses

Pour la primipare, ce cher inconnu fait son coming out en cours de grossesse. Elle sait qu'il existe, sans trop savoir où exactement. Quelque part entre son vagin et son anus ? Et puis d'abord, à quoi sert-il, le bougre ? Si elle/il sait faire preuve d'un minimum d'anticipation, la/le gynéco se charge du briefing en temps et en heure, c'est-à-dire au moment où la femme enceinte se plaint de fuites urinaires (voir Fuites). Si aucun signe avant-coureur ne fait son apparition, le périnée devient, environ huit semaines après l'accouchement, la guest-star du cabinet de kiné le plus proche de chez vous. Dans sa grande mansuétude, la Sécu offre à chacune d'entre nous dix séances de rééducation périnéale, visant à doper ce muscle, malmené par neuf mois de gestation et un dépotage, mais aussi à faire diminuer le nombre d'incontinents en France. Chacune aura à cœur de bien choisir son kiné. L'hésitation sera de courte durée : entre Bernard, 42 ans, marathonien de la sonde qui n'est plus à un minou près, et Karine, 34 ans-deux enfants, sympathique praticienne mettant toutes ses patientes à l'aise en l'espace d'une blagounette, il n'y aura pas photo. Il s'agira en outre de se renseigner précisément sur la méthode employée (manuelle/digitale ou par électrostimulation). Au programme de cette grande partie de plaisir, du glamour, rien que du glamour :

- au premier rendez-vous, celles qui n'auront pas encore eu la curiosité de se rancarder sur l'identité de « Mister P » seront enjointes de bien observer le croquis dessiné par la kiné. Kiné qui, l'air distrait mais le geste sûr, s'emploiera à mesurer votre « tonus périnéal » et, pour parler clair, votre niveau de risque d'incontinence chronique.
- Au deuxième rendez-vous, et si la kiné n'est pas de celles qui optent pour la méthode du « massage » manuel, vous repartirez avec une surprise, bien plus grosse que celles que l'on trouve dans les œufs en chocolat. Il s'agit de votre sonde, sorte de gadget oblong parfois orné de petites boules dorées, en apparence semblable à un sex-toy futuriste (vous comprendrez plus tard qu'il s'agit d'un instrument de torture).
- Au troisième rendez-vous, fraîchement épilée des guiboles, vous prendrez place sur une table le plus souvent vouée à des moments de félicité (entendre : massages – mais du dos –, manipulations décontractantes, exercices de respiration…). La sonde dans l'emplacement adéquat (hum, hum), ce sera à vous de jouer. Respirer, contracter, serrer (sans tricher avec les abdos), bref : muscler ! Sur le moniteur équipé d'un logiciel ludique, la courbe de vos efforts désespérés pour arriver au niveau d'une rangée de fruits exotiques clignotant avec provocation.

- Au quatrième rendez-vous, vous avalerez dans la salle d'attente trois barres énergétiques et deux compotes en gourde, pour vous donner des forces.
- Au neuvième rendez-vous, vous ferez semblant d'avoir compris l'exercice (œil de lynx, la kiné a bien vu que vous tentiez d'infléchir la courbe pour attraper les pastèques plutôt que les ananas).
- Au dixième, vous prendrez votre air le plus concentré possible lorsque votre bourreau en blouse blanche vous indiquera une série d'exercices « que vous pouvez aussi faire chez vous ». Comme, par exemple, « contracter le périnée lors des câlins avec votre chéri ».

Pour autant, lorsque Julot vous sussurera dans le creux de l'oreille un « Tu la sens ? », ne lui rétorquez pas un « Et toi, tu le sens ? » Il pourrait mal le prendre.

PHARMACIEN

Secrets boy

De la date de vos dernières règles jusqu'au diamètre de votre sonde périnéale, en passant par votre taille de bas de contention ou la marque de gel lubrifiant qui vous aide à lutter contre vos petits soucis de sécheresse vaginale, votre pharmacien sait TOUT de vous. En l'espace de neuf mois, et par ordonnances interposées, il est un peu devenu votre pote, votre confident, votre oreille grande ouverte. Malin comme un singe, ce roi de la marge a toujours en stock la boîte de lait qui vous manque, le lot de lingettes dermo-protectrices qui feront du bien à votre enfant moyennant 9,90 € le paquet de 60. Il a aussi – mais ça vous l'ignorez sans doute – pu faire restaurer sa bergerie dans le Luberon grâce à votre indéfectible fidélité. Alors non, vous n'êtes pas contre quelques échantillons de gel surgras et un bavoir gratos !

PHOTOS

Le petit oiseau est sorti

Poste budgétaire le plus élevé après les couches et le lait en poudre. Équipé comme un Arthus-Bertrand en herbe, on se jure de multiplier les clichés et de ne louper aucune prise de vue, histoire de « faire des souvenirs au p'tit pour quand il sera grand ». Autant dire que votre modèle adoré n'a pas fini d'être ébloui par les flashes, au risque de devoir se faire opérer de la cataracte avant 80 ans (mais vous ne serez, a priori, plus là pour le voir).

De son côté, on se jure d'être la plus belle pour être shootée à la maternité, embarquant dans sa valisette de jeune accouchée tout le nécessaire du parfait mannequin prévoyant : sèche-cheveux et brosse à brushing, vernis transparent et repousse-cuticules, blush bonne mine, liquette immaculée, gloss discret. Une fois imprimées, les photos nous tirent des larmes : on se trouve bouffie, mal fagotée, cernée,

les lèvres de traviole, l'œil éteint. Il faudra patienter encore quelque temps avant de pouvoir encadrer sur son bureau une photo à peu près potable de soi avec Jojo (compter deux ans en moyenne, le temps que l'œdème se dissipe complètement et que Julot ait le réflexe photo en vacances, pas seulement pour immortaliser les étals du marché aux poissons de Cancale ou le barbecue de son pote Nico).
Jojo, lui, a plus de chance. À peine né, il a déjà droit à une séance perso, signée Jean-Luc, le photographe de l'hôpital. Jean-Luc, c'est le grand mec hyper enthousiaste qui, chaque matin, fait le tour des chambres de la maternité et passe une tête en disant « il paraît que votre bout de chou est arrivé ? » Bien renseigné, le mec ! Pour ne pas effrayer les mères hygiénistes, JP (*cf.* son badge en plexi) a enfilé une blouse et des sabots en plastoc qui font « couic… couic » dans les virages à angle droit du service. Même si cette figure imposée vous pèse et/ou vous indiffère, je vous recommande de vous plier de bonne grâce à l'exercice, ne serait-ce que par curiosité. En effet, vous n'aurez pas tous les jours l'occasion de voir Jojo poser tel un yorkshire de concours, un coup faussement assoupi à plat ventre, les bras enlaçant son lapin en velours ras ; un coup la bouche grande ouverte et la mèche rebelle sur un oreiller de l'AP-HP. Ça aussi, ça lui fera des souvenirs. Et ce sera toujours autant de photos à ne pas faire développer pour les albums que – tenez-le vous pour dit – vous n'aurez jamais le temps de faire.

« Même si cette figure imposée vous pèse et/ou vous indiffère, je vous recommande de vous plier de bonne grâce à l'exercice, ne serait-ce que par curiosité. En effet, vous n'aurez pas tous les jours l'occasion de voir Jojo poser tel un yorkshire de concours, un coup faussement assoupi à plat ventre, les bras enlaçant son lapin en velours ras ; un coup la bouche grande ouverte et la mèche rebelle sur un oreiller de l'AP-HP. »

PLEURS

C'est pas bientôt fini ?

Bruit de fond des premiers mois, dénué de bouton « volume ». Ou comment transformer un foyer au calme olympien et où le silence est d'or en caisse de résonance pour enfants qu'on égorge. À en juger par le nombre de mères internautes (et possiblement équipées de boules Quies) qui écrivent des messages sur les forums de discussion comme autant de bouteilles à la mer, comprendre les pleurs de bébé est rarement chose facile. Jojo s'égosille depuis vingt minutes et pourtant... Pourtant il n'est pas sale, il n'a pas faim, il n'a pas soif, il n'a pas de fièvre, il n'a pas sommeil. On frôle la tétanie des membres supérieurs à force de le bercer et Julot a épuisé tout son répertoire de didgeridoo pour tenter de faire diversion. On l'a mis à plat dos, à plat ventre, incliné à 45 degrés dans son lit, limite à se demander s'il ne serait pas mieux la tête en bas et les pieds en l'air (mais non... parce qu'en désespoir de cause on a quand même essayé deux secondes). On a fait couler un bain à 37,2 °C pile, on a réquisitionné tout le coffre à jouets, et même zappé sur toutes les chaînes du câble pour détourner son attention. On lui a parlé gentiment, puis pas gentiment du tout. On s'est demandé s'il fallait aller le prendre, aller le voir mais pas le prendre ; on a chronométré autant de minutes qu'il a de mois avant d'aller le consoler ; on a remonté six fois de suite le mobile musical et déclenché les berceuses du babyphone à distance. On a chanté *Frère Jacques* en canon à travers la porte, on s'est demandé s'il avait mal ou si c'était de la comédie… Avant d'appeler maman, qui nous a répondu : « Bah oui… un bébé, ça pleure. Toi aussi tu pleurais beaucoup… Ah là, là… Qu'est-ce que tu pleurais ! » Chacune se contentera donc ici de cette explication liminaire et nullement salvatrice : un bébé, ça pleure. Y a même que comme ça qu'il s'exprime. Fermez le ban !

> On a chanté Frère Jacques en canon à travers la porte, on s'est demandé s'il avait mal ou si c'était de la comédie... Avant d'appeler maman, qui nous a répondu : "Bah oui... un bébé, ça pleure. Toi aussi tu pleurais beaucoup... Ah là, là... Qu'est-ce que tu pleurais !"

POT DE COLLE

Liberté chérie

Jojo, Juju et maman sont dans un bateau. Maman tombe à l'eau. Qu'est-ce qui reste ? Personne ! Jojo et Juju vous ont suivie. Comme il vous suivront non-stop pour un paquet d'années encore. C'est dans leurs gènes et c'est de votre faute.

PRÉNOMS

Question à choix multiple

Si, au cours de la grossesse, débat il y a, c'est bien celui-ci. Pour censément faire gagner du temps aux futurs parents, de nombreux éditeurs ont eu la riche idée, depuis quelques années déjà, de publier des recueils entiers de prénoms. Originaux, rares, oubliés, historiques, du monde entier, avec ou sans leur signification, classés par taille, par sonorité, par sexe, par style, par degré de branchitude, etc.
Dans le meilleur des cas, papa et maman sont raccord dès le début (Zoé si c'est une fille ; Hector si c'est un garçon). Que personne ne bouge ! On note tout ça dans un coin, on paraphe le tout et on le fait enregistrer chez le notaire.
Dans le pire des cas, on assiste à un véritable choc des cultures et des mentalités, par exemple entre une mère qui n'aime « que les prénoms classiques » et un père qui veut que ses « origines slaves ressortent »

jusque sur l'état civil de sa descendance. Dès lors, transformer « Louis » en « Lukas » ou « Marie » en « Mariochka » peut poser problème, voire se solder par un mariage mixte des prénoms, ce qui donnerait d'improbables « Loukas » et « Marie-Hochki » (on coupe la poire en deux).

Les choses se gâtent plus avant encore lorsque les proches s'en mêlent. Ainsi, au jeu des devinettes, les belles-mères sont reines. « Vous avez des idées de prénom ? », lancent-elles innocemment et à intervalles réguliers.

Plusieurs façons de s'en sortir :

1) « Non. » C'est bête comme chou, mais on n'y pense pas toujours.

2) « Oui. » (Point final.) Même remarque.

3) « Alors : pour un garçon, Julot aime bien Zadig et moi Voltaire. Pour une fille, Blanche ou Neige. »

Gare à celles qui vendront la mèche avant l'heure : elles s'exposent à de graves dangers (changement forcé du prénom, renonciation subite, crise conjugale, vol du prénom par la meilleure copine en panne d'idées…). Pour s'éviter toute remarque ou toute critique, voire une moue mutique chez votre interlocuteur, ne pas énoncer le prénom du tout reste encore le meilleur moyen de garder le cap. Un simple « Malo » lancé à la cantonade et chacun ira de son « Malo ? Ça fait mal aux dents », « Ça fait mal aux genoux », « Ça fait malotru », « Ça fait Malo-les-Bains »… Le mauvais plan, quoi.

PRIVILÈGES

Femme… Femme… Être une femme (enceinte), là, là, là…

> Qui a dit qu'il fallait poireauter des plombes pour voir l'expo du moment ? Le bide fier, dardant vers le portique de sécurité, vous êtes accueillie comme une Vierge à l'Enfant qui se serait échappée d'une toile de maître, grillant une file de plusieurs centaines de mètres de long.

Bingo! Bien au chaud derrière sa membrane, Jojo n'a pas encore atteint la taille d'un haricot lingot perdu au fond d'une marmite de cassoulet que déjà vous brandissez votre utérus comme on exhibe sa carte vermeil.

Au supermarché

Si, si, vous avez bien compris. La file de droite, là, surmontée d'un panonceau « femme enceinte » et « personne à mobilité réduite » où personne ne fait la queue – sinon une mère de triplés au bout du rouleau et un octogénaire à pacemaker –, c'est la vôtre ! Oui, je sais : tant que vous n'aurez pas le nombril sous les maxillaires, on vous prendra pour une mythomane en pleine grossesse nerveuse. Ne reculez pas devant ces regards mitrailleurs ! Gonflez votre abdomen ! Fendez la foule ! Avancez droite dans vos ballerines ! Pilotez votre chariot en ligne droite et sans scrupule ! Pour neuf mois cette année, vous êtes PRIO-RI-TAI-RE ! Jouissif, non ?

Dans le bus

Depuis le temps que vous l'attendiez, celle-là… La place bien large, la moins colonisée par les chewing-gums fondus, celle tout près de la soufflerie du radiateur et à proximité immédiate du chauffeur ; pas trop loin de la sortie non plus… Ah ça, vous allez faire des jaloux/jalouses (M. Ronchon et son journal, Mme Pipelette et sa copine, tellement mieux en face à face pour se raconter leur tournoi de bridge ; M. Décibels et son casque à techno vissé sur les oreilles). Mais comme aucun d'entre eux n'a de chance de tomber enceinte, ne culpabilisez pas. Et pour le plaisir, rien ne nous dit que vous ne ferez pas une boucle entière à bord du même autobus.

Au musée

Qui a dit qu'il fallait poireauter des plombes pour voir l'expo du moment ? Le bide fier, dardant vers le portique de sécurité, vous êtes accueillie comme une Vierge à l'Enfant qui se serait échappée d'une toile de maître, grillant une file de plusieurs centaines de mètres de long.

D'autres avantages bénéficient à la femme enceinte. En effet, à condition que la maternité et la Sécurité sociale aient fait leur boulot, sa boîte aux lettres s'emplit chaque jour de menues surprises. Un assortiment de couches par-là, quelques sachets de farine aromatisée par-ci, quelques échantillons de produits de toilette de-ci, une (mini)serviette éponge de-là. Certes, la future maman, qui a déjà dévalisé tous les rayons puériculture, hygiène de bébé et alimentation infantile de la grande surface voisine, un peu comme si la Troisième Guerre mondiale allait être déclarée demain, n'a pas un besoin impérieux de ces quelques bricoles. Il n'empêche : en termes de considération, elle n'est jamais repue.

« PROFITE ! »

Carpe diem

Impératif fétiche des « déjà-mères » aux futures mamans. Traduction : « Mange ton pain blanc, ma vieille ! Prends du temps pour toi, fais la sieste, vis dans l'insouciance la plus totale… ! Dans trois/quatre/cinq/six… neuf mois, rien ne sera plus jamais comme avant ! »

Profiter, donc. Mais comment ?

1) En mettant en application la *to do list* préalablement dressée par vos soins, et ce à la veille de votre congé mat (aller à la piscine/pique-niquer avec Aude/écrire mon livre/ranger les affaires d'hiver/prendre un abonnement ciné/repérer les squares du quartier/aller voir l'expo Machin Chouette/booker un week-end avec Julot/trier les photos (celles de vous deux)/rédiger le faire-part…

2) En se jurant de vivre au jour le jour, sans contraintes, sans horaires, sans rendez-vous, sans impératifs.

3) En se renseignant à distance sur la masse de boulot qu'abattent vos collègues en votre absence. Jouissif !

4) Reste, au risque de vous décevoir, que tout ce programme a des chances de voler en éclats. C'est même mathématique. Car, comme pour toutes les bonnes résolutions qu'on a l'habitude de prendre

chaque 1er janvier, nombre d'impondérables nous empêchent d'atteindre l'objectif fixé. De fait, il y aura toujours une météo exécrable ou une contre-indication médicale qui vous interdira d'aller jouer les cachalots dans le grand bassin ; une copine qui annulera votre déjeuner sur l'herbe sous prétexte qu'elle est « sous l'eau » (au bureau, pas à la piscine) ; une armada d'ouvriers dans l'immeuble voisin pour troubler vos songes de l'après-midi ; une affiche pitoyable côté cinoche, qui fera que vous vous ruinerez en vidéos à la demande via votre fournisseur d'accès ; une pénurie d'adhésif double face à la papeterie qui vous freinera dans vos élans de classement de photos et de confection d'albums (et comme ça fait six ans que vous n'avez pas mis le nez dans la boîte à photos – devenue « carton à photos » – vous capitulerez).

QUOTIENT INTELLECTUEL

Outil de mesure de votre capacité à comprendre ce qu'on vous dit. Score minimal à compter du sixième mois de grossesse ; remontée en flèche dès la reprise du boulot. C'est bien connu : « Physique de culbuto, neurones au repos. »

« Score minimal à compter du sixième mois de grossesse ; remontée en flèche dès la reprise du boulot. »

RÉGURGITATION

Retour à l'envoyeur

> Un peu comme si nous, adultes, ingurgitions avec empressement un paquet de sablés au beurre suivi de très près par un litre de jus d'orange, avant que quelqu'un ne vienne nous taper amicalement – mais avec insistance – dans le dos... Le résultat pourrait ne pas être folichon.

Prolongement inattendu du rot, dû à un défaut de fabrication de la partie supérieure du tube digestif (absence de clapet auto-bloquant par exemple). Un peu comme si nous, adultes, ingurgitions avec empressement un paquet de sablés au beurre suivi de très près par un litre de jus d'orange, avant que quelqu'un ne vienne nous taper amicalement – mais avec insistance – dans le dos... Le résultat pourrait ne pas être folichon. Mal du siècle chez les bébés d'aujourd'hui, la régurgitation – si elle devient chronique – prend le doux nom de « reflux ». Dès lors, le simple bavouillis sur la veste de papa ou sur le T-shirt en lin/coton blanc de maman se transforme en une authentique gerbe de lait. En cela, le reflux peut être impressionnant. Voir son enfant recracher impassiblement un geyser blanc est absolument déroutant ; le fait de tout nettoyer, lui, est automatique.

Certains parents en seront pour des mois et des mois de vigilance accrue, autrement dit jusqu'à ce que Jojo atteigne la « station debout », son Everest à lui. Car quand l'enfant marche, se tient droit et mange solide – ou à peu près –, forcément, tout reste au fond. Ou les lois de la pesanteur appliquées aux moins de 12 mois.

RÉPARTITION (des rôles et des taches)

Le bébé de Madame est avancé

En théorie

Promis, juré, craché : avec Julot, on sera toujours sur la même longueur d'onde une fois que Jojo aura pointé le bout de sa truffe. Y n'y en aura pas un pour faire le méchant ou la méchante et l'autre rien que des câlins. S'il pleure, il pleure. Si j'y vais pas, t'y vas pas non plus. S'il finit pas son petit pot et que je me fâche, tu fais ta grosse voix aussi. Et s'il se réveille, c'est chacun son tour.

En pratique

On a surestimé nos forces et notre seuil de tolérance. Douze minutes (déjà !) de larmes de caïman et on profite d'une pause pipi dans le couloir pour extirper Jojo du lit et le désincarcérer de sa turbulette. « C'est trop dur ! Ça fend le cœur… ! » Le lendemain, on troque le bol de carottes-épinards contre quelques cuillerées de pomme-cassis, après avoir prêté serment dans la cuisine et devant le père qu'il n'y aurait pas de lot de consolation. C'est mal ! Sieste pour tout le monde. Jojo dans son lit, nous sur le canapé. On table sur deux heures de tranquillité et on sombre sous le plaid. Trois diodes qui clignotent au bout de quarante-trois minutes. On fait la morte et, Julot, mine de n'avoir rien entendu. Il souffle. Bruyamment. Réveillée pour réveillée, on quitte la chaleur ouatée du salon pour se traîner jusqu'au bout du couloir. C'est pas ce qu'on avait dit mais bon…
Pour terminer, il serait grand temps de mettre fin à un malentendu de taille. Concernant les lignes qui vont suivre, âmes masculines susceptibles s'abstenir, et passer directement à rot. Pour les autres, lire attentivement ci-dessous.

S'il est une indécrottable manie que nous, les femmes, souhaiterions vous faire perdre, c'est bien celle dite du « service rendu ». Autrement dit, le talent dont vous faites montre – à chaque fois que nous avons eu l'outrecuidance de vous demander UN truc rapport à Jojo – pour nous rappeler l'ampleur de la faveur accordée.

> Pour parler clair : torcher Jojo, le faire bouffer et vérifier qu'il boit pas une tasse au bain moussant n'est ni optionnel, ni exclusivement réservé aux femmes.

Concrètement :

- si, le temps d'un biberon, d'une sieste, et d'une épilation du maillot, on vous a laissé seul avec le fruit de NOS amours, cela ne relevait pas de l'abandon.
- Si, parce qu'on était à la bourre pour la crèche, c'est vous qui vous y êtes collé après avoir planté

tout le service marketing en plein slideshow, ce n'était pas une punition.

- Si, au bout du soixante-huitième tour du grand prix de formule 1 diffusé en direct sur le câble, on vous a prié d'aller changer la couche de Jojo, ce n'était pas parce qu'on ne voulait pas le faire mais parce qu'on ne POUVAIT pas le faire (étendre une machine de blanc et verser du lait de toilette sur un carré de coton simultanément, même Garcimore il sait pas).
- Si, au lieu d'aller chez le fleuriste chercher un bouquet pour tatie Simone, c'est vous qui avez surveillé Jojo dans son bain, ce n'était pas pour NOUS faire plaisir. Ni pour nous dépanner. Ni pour – donc – nous rendre service.

Le prochain qui nous fait la liste de TOUT ce qu'il a fait et pas nous copiera cent fois l'article 213 du code civil, remanié ici par nos soins : « Le père et la mère assurent ensemble la direction morale et matérielle de la famille. Ils pourvoient à l'éducation des enfants et préparent leur avenir. » Pour parler clair : torcher Jojo, le faire bouffer et vérifier qu'il boit pas une tasse au bain moussant n'est ni optionnel, ni exclusivement réservé aux femmes.

ROT

Eh ben voilà… !

Son gras émis par l'enfant repu, dont les parents se félicitent aussitôt (« Ooooh ! Ça, c'est un beau rot !… »). À l'inverse, l'absence de rot peut être source d'angoisse chez la mère, qui hésitera toujours de longues minutes – voire plus – avant de coucher son enfant. On a beau lui dire que l'enfant ne rote que s'il a avalé de l'air, celle-ci est tout à fait en mesure de faire des kilomètres dans l'appartement en lui tapotant le dos jusqu'à lui décoller la plèvre. Une manie qui n'est cependant pas exclusivement maternelle, même si le père part du principe que « faut vite le coucher comme ça il va bien dormir ». Certains jours, on aimerait pouvoir faire preuve de la même simplicité d'esprit (je n'ai pas dit pragmatisme).

SAGE-FEMME

La dame en rose

La sage-femme, c'est d'abord un prénom. Avant de découvrir son nom sur l'acte de naissance de son enfant, on ne connaît d'ailleurs rien d'autre d'elle. Elle peut porter un prénom de chef (Sylviane), un prénom de novice (Géraldine), un prénom des îles (Marie-Thérèse), un prénom tout doux (Nadège), un prénom de théâtre (Mauricette), un prénom de peau de vache (Huguette). Elle porte presque toujours une blouse rose, des socquettes blanches et des sabots en caoutchouc de couleur vive à trous qui ne font pas de bruit, ornés de pin's d'animaux.
Chacune d'entre elles peut avoir un côté lunatique, presque cyclothymique. Au début, elle parle d'une voix de miel (« Vous vous sentez comment, Mme Machin ? », « Ça va, vous n'avez pas froid ? », « J'ai eu votre mari, il arrive, hein… », « Ne vous inquiétez pas, on est là. »)
Et puis, au fil du travail, ça se corse (« Comment ça vous avez mal, Mme Machin ? Vous êtes à quatre ! Y a le temps encore… », « Ah non ! Rien à boire, rien à manger ! », « Vous êtes sûre qu'il écoute ses messages, votre monsieur ? »). À l'instant « T », on s'en prend plein le melon (« Attendez la contraction pour pousser ! Vous m'écoutez ? », « Vous faites n'importe quoi, Mme Machin ! », « Vous le voulez ce bébé ? Alors fâchez-vous, nom de Dieu ! »).

Dans le lot, malgré tout, on en trouve d'humeur égale. Parfois un peu trop douces, à la limite de l'hypotension, mais enveloppantes de zénitude. Et quand bien même on aurait envie de les secouer comme une perfusion sur le Paris-Dakar, on se dit qu'elles font un chouette métier… et qu'il en faut, de la patience et de l'abnégation, pour se coltiner des chieuses comme nous.

> « Elle porte presque toujours une blouse rose, des socquettes blanches et des sabots en caoutchouc de couleur vive à trous qui ne font pas de bruit, ornés de pin's d'animaux. »

SACERDOCE

Le plus beau métier du monde

Nom féminin, synonyme de maternité, induisant une certaine dose de sens sacrificiel. Ensemble de concessions, fruit de l'irruption délibérée de l'enfant dans le couple. Par extension, lot de défis quotidiens à relever sans jamais se plaindre, sinon en silence. La prononciation des vœux définitifs de votre cousine ayant pris le voile, à côté, c'est de la gnognotte. Si les raisons diffèrent, quelques points communs vous unissent néanmoins :

- comme elle, vous vous levez aux aurores du lundi au dimanche (surtout le dimanche) ;
- comme pour elle, communiquer avec l'extérieur et surfer sur Internet ne fait plus partie intégrante de votre vie de tous les jours ;
- comme à elle, le port du jean taille basse vous est interdit ;
- comme elle, il vous faut manger chichement ;
- comme elle, vous allumez des bougies (pour que ça s'arrête) ;
- comme elle, vous chantez (tout et n'importe quoi pourvu que Dieu vous entende) ;
- comme elle, vous confiez vos peines à vos sœurs ;
- comme elle, vous êtes imbattable à l'atelier « sablés de Noël » ;
- comme elle, vous vous faites un devoir de faire le bien autour de vous.

De même, et si vous n'aviez pas la tête dans le guidon de la trois-roues H24, vous prendriez le temps de lui écrire une petite bafouille en glissant dans l'enveloppe une photo de Jojo et Juju. Ça lui servirait de marque-page pour sa bible et ça vous laisserait espérer que votre marmaille ne se résume pas à deux brebis égarées qui se crêpent le chignon à longueur d'année.

SEVRAGE

Mission impossible 12

> « D'ici là, il peut s'en passer, des nuits blanches et des jours noirs à ne plus savoir quoi inventer pour faire croire à Jojo que le truc en plastique qu'il a dans le bec est bel et bien votre sein. »

On vous avez prévenue. Ou pas. En tout état de cause, l'heure est venue de rendre leur liberté à vos tétons, victimes depuis trois/quatre/six mois (ou plus) d'un esclavage acharné. Dans quinze jours, vous serez de nouveau une femme affranchie, business girl épanouie, débarrassée de vos coussinets et libérée du tire-lait, votre bourreau. C'est en tout cas votre objectif. D'ici là, il peut s'en passer, des nuits blanches et des jours noirs à ne plus savoir qu'inventer pour faire croire à Jojo que le truc en plastique qu'il a dans le bec est bel et bien votre sein. Vous avez tout fait : dormi avec le biberon pour qu'il prenne votre odeur, investi dans moult sortes de tétines (physiologiques, en latex, à huit vitesses...), essayé de tromper l'ennemi en incluant de la poudre de vanille dans le biberon, expliqué par A + B à Jojo que maman n'avait plus de lait (ça vous arrache le cœur) et même pris exemple sur vos copines qui s'en sont sorties comme par miracle. Que dalle ! Galérienne vous êtes, galérienne vous resterez ! Jusqu'au déclic. Mais quand ?

SOMMEIL

Douce nuit, sainte nuit

Avant : lourd, profond, régénérant, sain, du juste, à volonté.
Pendant : mérité, inconfortable, stimulé, en dents de scie.
Après : haché, ruiné, saboté, empêché, rare, perturbé, regretté.

SORTIES

Saturday night never

Révolution d'agenda observée chez tous les jeunes parents en rodage. Qu'ils le veuillent ou non, ceux-ci sont contraints à de nouveaux impératifs (horaires et physiques), ayant les conséquences suivantes :

Primo : le tri

Après quelques élans de spontanéité (il faut se donner le temps de prendre le pli), qui vous feront accepter une soirée braserade à 48 bornes de chez vous et un anniversaire surprise au parc d'attractions le plus grand d'Europe, vous saurez sélectionner la sortie la plus adéquate. Les goûters dominicaux, les pique-niques en forêt et les brunchs à neuf heures du matin remportent généralement tous les suffrages. Vous aurez le blues mais, au moins, vous ne serez pas seuls. Autour de vous : plein de papas et de mamans au fond du faitout, cumulant 127 heures de sommeil en retard, et une smala âgée de 13 jours à 12 ans. On est jeune, on est fou !

Deuxio : l'apprentissage du sens pratique

Un barbecue chez Alex et Caro, oui, mais uniquement s'ils ont un lit parapluie, des enfants sages et un jardin fumeur. Idem chez Aline et Guillaume, si tant est que vous ayez le droit d'arriver à temps pour le bain de Jojo, c'est-à-dire à 18 h 30. En échange, vous promettez de faire la vinaigrette et de pas mettre du caca partout sur la couette parentale, ce qui fait désordre, même si Aline est la marraine et qu'elle est super open-minded.

Tertio : le calcul anticipé des effets de bord

Les 40 ans de Constance sur le thème des séries télé, avec fontaine de champagnes et DJ 80s, ça risque de vous fusiller sur place. Et le lendemain, vu que c'est dimanche, faudra pas compter sur Paula pour filer le bib de 8 heures. Julot ou vous, il faut choisir qui montera au front. Vous ? OK, sortez les paillettes et les platform shoes. Mais, vous l'aurez voulu : demain matin, c'est quand même vous qui ferez le marché à poussette, les yeux mi-clos derrière vos Ray-Ban.

TÉLÉ

SOS détresse

Concurrent du lave-linge à hublot. Jojo posé pile devant et votre délicate épilation de sourcils peut commencer.

TÊTE-À-TÊTE

Qui me parle ?

Un nourrisson en vis-à-vis, ça fait pas grand monde à qui parler… Certes, le congé mat est aussi fait pour tisser ce fameux « lien mère-enfant » avec lequel on nous bassine des mois à l'avance. Mais, à moins d'être ventriloque de mère en fille, y a des chances pour qu'on s'ennuie comme les pierres autour du tapis d'éveil. À la limite de la démence verbale, on se targue en secret d'être la championne du monologue, tantôt en lisant son horoscope à Jojo, tantôt en lui enjoignant de nous aider à trouver une idée de menu pour le soir. Alors, fatalement, à l'issue d'une longue phase de tête-à-tête à demi silencieux, on se rabat sur son GSM (forfait en implosion totale) et sur les discussions de proximité. Aussi notre vie n'a-t-elle plus de secret pour la femme de ménage, à qui on demande spontanément le pseudo sur Skype ; pas plus que notre fromagère n'ignore notre amour immodéré du cantal et du saint-marcellin au lait cru (« on aurait pu en parler DES HEURES… », confiet-on le soir même à Julot, de retour d'un séminaire « passionnant » au cours duquel il a rencontré « plein de nouvelles têtes »). Ah bon ?

TÉTINE

Tel est pris qui croyait prendre

Petit appendice de couleur claire ou vive, traditionnellement décoré d'un hibou astigmate ou d'un cœur fluorescent, littéralement greffée aux lèvres de celui ou celle qui l'a choisi comme it accessoire. Remède anti-pleurs élu par les parents à court d'idées et qui pensaient sincèrement ne JAMAIS avoir à réquisitionner ce type de substitut. Raté ! Les voici condamnés à se lever environ quarante fois par jour pour rebrancher Jojo à sa « tototte », dix fois par jour pour ramasser « la tut' » dans le caniveau (et trouver un point d'eau non croupie à proximité en vue de la rincer), six fois par nuit pour redonner sa « suçou » à Jojo, complètement largué dans son berceau. De l'esclavage pur et dur pour lequel militent nos amis orthodontistes (toujours aussi solidaires), certains que la succion du silicone vaut mieux que celle du pouce ou de n'importe quel autre doigt.
Mais la tétine signe aussi le début d'une lutte sans merci entre le jeune criminel et ses victimes. Ainsi, faire ôter sa « tototte » à Jojo le temps d'une photo est presque aussi insoluble qu'une prise d'otages sans

négociateur ; quant à écouter le récit de sa journée trépidante à la halte-garderie, cela nécessite l'emploi d'un décodeur spécial.

« Mais la tétine signe aussi le début d'une lutte sans merci entre le jeune criminel et ses victimes. Ainsi, faire ôter sa "tototte" à Jojo le temps d'une photo est presque aussi insoluble qu'une prise d'otages sans négociateur ; quant à écouter le récit de sa journée trépidante à la halte-garderie, cela nécessite l'emploi d'un décodeur spécial. »

TOILETTE

Sacré moment et moment sacré

Comme il est d'usage, le premier bain – la première toilette – est un privilège réservé au papa, à plus forte raison si la maman est en train de se faire recoudre l'entre-cuisses ou si sa césarienne la cloue au lit. À lui le casse-tête de l'eau à 37,2 °C, de l'eau « claire et savonneuse » (tout est dans la nuance) et du maintien du nourrisson la tête hors de l'eau (une évidence pas toujours praticable). Outre-Manche, mais pas seulement, le personnel hospitalier préconise une macération longue durée du bébé dans son jus, autrement dit : pas de bain avant quinze jours. Pour peu qu'on ait fait un bébé à perruque (excessivement chevelu), ce dernier est bon pour garder son bonnet sur ses cheveux gras jusqu'à ce que l'odeur devienne insoutenable.

Le fait est qu'avec le temps, le moment de la toilette deviendra un pur moment de félicité et que les parents se tireront la bourre, chaque soir ou presque, pour rentrer le premier à l'heure dite. Les papas pour faire joujou et des ploufs dans l'eau ; les mamans pour vérifier que pas un centimètre carré de peau n'a échappé à l'éponge lavante. Des instants marqués à jamais par l'odeur du gel pédiatrique qui sent bon… le bébé.

TONIGHT IS YOUR NIGHT

Tu dors ?

> « Soit dit en passant,
> on n'est pas seule
> responsable de ce mini-
> deuil sexuel : Julot aussi
> éprouve quelque peine
> à se remettre en selle.
> Les nuits blanches l'ont
> rendu aussi vif qu'un
> puceau après son premier
> orgasme et il aime autant
> faire la sieste que de
> vous dégrafer le push-up. »

Rêver sa vie sous la couette en Technicolor après un accouchement est chose permise. Reste à savoir si c'est réalisable. Car oui, on peut toujours partir du principe que « ce n'est pas parce qu'on a un enfant que la vie s'arrête ». Oui, on peut se revendiquer farouchement attachée au « maintien du désir dans le couple ». On peut aussi, enfin, choisir de dépenser toutes ses allocs dans un shorty en soie et à frous-frous qui ne servira pas avant plusieurs semaines, pas plus que la panoplie de bunny girl que votre cousin Erwan a cru bon de vous offrir en signe de solidarité. « Et pourquoi pas ? », s'étonneront celles d'entre vous qui ne jurent que par la brouette tonkinoise et la levrette enchantée. Parce que…

- la forêt de Sherwood en guise de toison et les abdos sous forme de flan catalan, on est quand même moins encline à tendre la croupe.
- Jojo/Juju se révèlent être de vraies sangsues, des vampires de votre énergie positive, des tue-le-cul dans l'âme.
- Quand on a parlé gnan-gnan de 6 heures à 23 heures, compté six fois huit cuillères rases de poudre de lait et casté dix nounous potentielles (dont deux amorphes), on manque d'inspiration pour une séance d'aspiration.
- Quand faut pas coucher l'un, faut donner le bain à l'autre ; quand c'est pas la purée qui cuit, c'est le gratin dauphinois qu'il faut lancer à four chaud ; quand c'est pas la concierge qui vient réclamer ses étrennes, c'est le livreur qui livre.

Soit dit en passant, on n'est pas seule responsable de ce mini-deuil sexuel : Julot aussi éprouve quelque peine à se remettre en selle. Les nuits blanches l'ont rendu aussi vif qu'un puceau après son premier orgasme et il aime autant faire la sieste que de vous dégrafer le push-up.

UNIVERS

Bébé : lu, écrit, parlé

Ce n'est pas tant que le champ se retreint… c'est qu'il se modifie. Les curseurs « hobbies » et « centres d'intérêt » de la maternante se déplacent aussi sûrement qu'inexorablement, et elle n'y peut rien. Un autre monde s'ouvre à elle, dans lequel il est question de puériculture, de mode de garde, d'équilibre, d'organisation (oh que oui…) et de concessions. À partir de là, il se peut que les sphères de la maman et du papa – jusqu'à présent partiellement imbriquées l'une dans l'autre – finissent par ne plus que cohabiter, elle le nez dans les recettes de purée turbinée minute, lui (encore et toujours) immergé dans ses revues automobiles et sportives. Il s'agira de ne pas se couper les ailes mutuellement (genre « Si tu vas ENCORE au rugby dimanche, j'te quitte ! » ou « On pourrait pas aller au resto un peu, pour changer ? »), mais de trouver des terrains de convergence. Certes, on n'a encore jamais vu de cours de robot cuit-vapeur dispensé par les piliers du Stade toulousain, ni de rallyes de landaus. Ne désespérerez pas ! À l'heure des réseaux sociaux, d'aucuns sauront dégoter sur la Toile des couples rompus à l'exercice. De quoi échapper aux groupes de parole, comme au thérapeute de couple.

VENTRE

Le centre du monde

Abri anti-atomique investi par l'enfant à naître dès le début de la conception. Gaz et constipation passagers figurent parmi les colons les plus assidus de cet antre chaud et douillet, que certains pères (un peu vrillés quand même) nous envient.
Passé le stade du mi-mou, mi-dur, et une fois atteint la taille de la pastèque, le ventre attire tous les regards. Mais pas seulement. Un ventre qui porte la vie et ce sont mille curiosités qui s'éveillent chez vos interlocuteurs.

> « Autant de remarques qui achèveront de vous convaincre que votre vie entière, pour quelques mois encore, tourne exclusivement autour de vos entrailles. »

De la part de ceux qui vous connaissent : il y a ceux qui veulent toucher (« Ça te dérange si je touche ? Il paraît que ça porte bonheur ! »), ceux qui veulent caresser (« Ça te dérange si je passe ma main ? – Argh ! »), ceux qui observent un mouvement de recul (« T'es sûre ? Ça se voit pas beaucoup, hein ? »), ceux qui sont jaloux (« J'me disais aussi : c'est fou ce qu'elle a grossi, Anne-Charlotte ! »)
De la part de ceux qui vous voient chaque semaine/ chaque mois mais qui ne vous adressent jamais la parole : « Faites voir… Ouais, moi, je parie sur un garçon ! » (le charcutier-traiteur), « Vous le portez haut, quand même… C'est normal ? » (la coiffeuse), « Ah ! Ventre en pointe, comme ma fille ! Y a des jumeaux dans votre famille ? »
Autant de remarques qui achèveront de vous convaincre que votre vie entière, pour quelques mois encore, tourne exclusivement autour de vos entrailles. Pas étonnant, dès lors, que certaines d'entre nous se sentent Petit Poucet sans caillou une fois la délivrance passée. Se tâter dans un sens, se tâter dans l'autre, vérifier qu'il n'en reste pas un au fond, se jurer de faire trois séries d'abdos quotidiennes sous peine de se muer en déléguée slim-fast. Se dire, enfin, qu'on mettrait volontiers Gigi en route…

VERGETURES

Tendance rayures

C'est quitte ou double. Soit on sort indemne de neuf mois de distorsion cutanée, soit on est bonne pour commander un forfait 30 séances de réparation laser au Père Noël. En matière de look zébré, nous ne sommes pas toutes égales devant la nature. D'où une hantise manifeste et précoce pour ce vilain désagrément dermato, qui nous incite à guetter nos cuissots à la loupe ET à la lumière naturelle chaque jour que Dieu fait trois trimestres d'affilée. Pour conjurer le sort et éloigner le mauvais œil, toutes autant que nous sommes investirons dans des tubes, des pots – que dis-je ? –, des bidons de crème ou gel miracle, massant avec acharnement jusqu'aux parties du corps les plus improbablement sujettes aux vergetures (cou, chevilles, aisselles…). Que celles qui n'y échapperont pas, et pleureront doublement sur leur corps transfiguré par la peau d'orange se trouvent fissa un petit air pop art on the skin. Ce sera toujours ça de pris.

VICES

Pas vue, pas prise

Les clopes

Si on est une grosse intoxiquée, on fait semblant de ne pas encore avoir le résultat du labo d'analyses pour pouvoir s'en griller une peinarde aux 30 ans de Sophie. C'est mal ! Imaginez un fœtus qui tousse : moche... Au bureau, y aura toujours une « bonne » âme pour vous dire que, elle, quand elle était enceinte (c'est-à-dire il y a quarante ans, quand la loi Évin n'existait pas et qu'on roulait encore ses tiges dans des feuilles de maïs), son gynéco lui avait dit : « Je préfère que vous fumiez deux ou trois cigarettes par jour plutôt que vous stressiez en arrêtant brutalement »... Foutaises ! Sacrilège ! Et puis l'occasion est trop belle de pouvoir tirer un trait sur la nicotine. Votre tirelire cochon n'en sera que plus replète : des sous, des sous, plein de sous ! Vous en aurez besoin pour vous ruiner en lingettes hypo-allergéniques et autres couches à scratch.

L'alcool

Le p'tit verre de mercurey bien frais siroté dans la cuisine de retour du bureau, c'était quand même vachement sympa. On pouvait même se resservir une lampée s'ils arrivaient pas à trouver une place. Circulez, y a plus rien à boire ! Si Noël ou le nouvel an passent par là, c'est soda pour tout le monde (surtout pour nous). Sur le plateau de l'apéro, Julot ne prend même plus la peine de nous mettre une coupette. Un verre à orangeade et point barre. En fin de parcours, on égaye le tout avec une paille et on se contente de sniffer le contenu du verre du voisin, comme un nu-pieds des bidonvilles de Bogota se ferait un shoot de colle liquide. Si c'est pas malheureux…

Le saucisson

Qu'il soit sec ou cendré, de porc ou d'âne, on évite à tout prix. D'abord, ça arrange pas nos affaires de peau d'orange (*cf.* l'effet pop art mentionné ci-dessus). Et puis ça revient à avaler un nid de bactéries entier, tellement on n'est pas équipée pour en tant que grosse dondon.

> « Après l'accouchement, il sera toujours temps de demander à Julot un sandoc brie de Meaux/roquefort/reblochon à la place du plateau-repas de l'hosto. »

La sushi folie

Qui eût cru que celle qui mangerait du cru en sortirait indemne ? Immunisée ou non contre la toxo, la listéria et toutes ses grandes copines les vicieuses, on troque sushis et sashimis contre un grand bol de quinoa, avec du guacamole à côté pour faire wasabi. Ça contient moins d'omégas 3 mais c'est risque zéro de choper un scolopandre dans le bide.

Le fromage (qui coule et qui pue)

Diabolisés, les fromages au lait cru perdent un max de points dans les sondages, au profit d'insipides pâtes dures de type « mimolette en tranches », « edam sous vide » et « gouda prédécoupé ». Même la petite souris n'en voudrait pas dans sa boîte à quenottes et prendrait ses pattes à son cou avant de crier au scandale. Pourtant, il faudra s'y faire. Et charger le gratin d'endives au jambon en gruyère râpé si on ne veut pas dépérir. Après l'accouchement, il sera toujours temps de demander à Julot un sandoc brie de Meaux/roquefort/reblochon à la place du plateau-repas de l'hosto.

VISITES

Toc ! Toc ! Toc !

Faire entendre à nos proches/amis/collègues/voisins que « naissance » ne rime pas obligatoirement avec « journées portes ouvertes » n'est pas toujours chose facile. Au fil des grossesses, heureusement, on apprend à mieux gérer le flux.

Premier bébé

Forcément, vous voudrez que votre mère soit là la première pour prendre Jojo dans ses bras. Elle a toujours des mouchoirs en papier dans son sac pour sécher vos larmes et n'a pas besoin qu'on lui dise de se laver les mains avant d'entamer la partie de gazouillis. Inévitablement, belle-maman poussera la porte juste derrière, vous ignorera superbement et félicitera son fils d'abord, avant de réaliser que l'être humain de sexe féminin, là, sur le lit, est loin d'être étranger à son accession au trône de grand-mère (dont vous la ferez descendre illico). Beau-papa filera droit à ses côtés, évitant de paraître trop ému. Suivront vos sœurs, les amies de vos sœurs (chez lesquelles elles crèchent), le meilleur pote de Julot (seul, pendant que sa meuf garde leur gosse en bas), la meuf du meilleur pote de Julot (pendant que le meilleur pote de Julot garde leur gosse en bas), votre père (débordé mais fier comme Artaban), votre belle-sœur (qui reste pas longtemps), suivie de près par vos cousins (jumeaux), tontons pour la première fois. Combien de bises échangées en l'espace d'un après-midi ? Combien de détails donnés en boucle sur les contractions. Combien de degrés Celsius enregistrés dans cette piaule d'hôpital ridiculement petite ? Combien de « Oooh ! » extatiques formulés à l'ouverture de cadeaux plus ou moins bien choisis ? Combien de fois l'envie de virer tout le monde et de dormir parce que – justement, là – Jojo dort enfin ? Combien de fois l'envie de planter tout le monde ici, au milieu de discussions ponctuées par le passage de l'aide-soignante, du kiné, de l'ostéo, du pédiatre, de la sage-femme ? Combien de fois cette promesse intérieure : « C'est la dernière fois ! » ?

Deuxième bébé

On a prévenu auparavant : « Pour les visites, si je réponds pas c'est que je suis naze. » Et vous êtes naze ! Un repli stratégique s'impose, entre les quatre murs jaune poussin de votre piaule Deluxe. À l'entrée, vous avez instauré un mot de passe (Épisio). Votre téléphone est éteint pendant la journée ; vous ne le rallumez qu'en pleine nuit pour écouter vos messages à la lumière de votre néon de chevet, à une heure où belle-maman ne risque pas d'appeler, et où votre télé miniature et haut perchée (dont les infirmières ne vous ont toujours pas apporté la télécommande) rediffuse en sourdine de vieux épisodes des *Vacances de l'amour.*

De retour au terrier, chacun se sent déjà les coudées plus franches pour venir tirer la chevillette. L'une s'engage à « ne pas rester longtemps, promis » et finit par s'inviter dans la salle de bains au moment de la toilette ; l'autre passe effectivement en coup de vent si bien que vous n'avez même pas le temps de vous épancher sur votre sort (dommage !) ; d'autres, prétextant avoir les bras chargés de layette taille trois mois, tiennent absolument à venir « avant que ça soit trop petit ». Total et final : vous n'avez jamais fait autant de cakes à l'orange et infusé autant de litres de darjeeling. Le pire, c'est que ça ne fait que commencer : Jojo ayant le chic pour prolonger sa sieste de deux heures les jours où tout ce petit monde défile dans votre salon, vous n'aurez d'autre choix que d'organiser un autre tour de scrutin. Ainsi va la vie…

VOYAGES

Périmètre de sécurité

On avait tout soigneusement préparé : l'épluchage méthodique des guides *Trekking for ever,* les rations et la couverture de survie, le duvet -10 °C pour les nuits fraîches d'altitude, et même le sac à dos assorti aux chaussettes anti-yeux de perdrix. Manque de bol, la plaquette de pilules a ripé et nous voilà enceinte. Adieu les vallées d'Équateur, les virées dans les campements bordant le Rio Napo et les marchés de Quito. Avec l'arrivée de Jojo qui se profile, il est temps de revoir ses prétentions à la baisse. Au palmarès des destinations prisées par les futures mamans, les petites stations de bord de mer arrivent en tête (Le Crotoy, Marseillan-plage, Anglet, Port-Camargue…). C'est calme, familial (idéal pour s'acclimater psychologiquement) et – à condition de venir en mai plutôt qu'au 15 août – d'un climat assez favorable pour échapper à la transmutation en raton-laveur (*cf.* le masque de grossesse). Lignes ferroviaires et couloirs aériens assurent une desserte potable : on n'en demandait pas tant ! Au-delà de sept mois de grossesse (six pour les plus flippées), le périmètre rétrécit. Inutile de viser le cumul des miles sur la carte de fidélité : à plus de cinquante kilomètres, point de salut ! Sait-on jamais : accoucher en gare de Marseille-Saint-

> Au-delà de sept mois de grossesse (six pour les plus flippées), le périmètre rétrécit. Inutile de viser le cumul des miles sur la carte de fidélité : à plus de cinquante kilomètres, point de salut ! Sait-on jamais : accoucher en gare de Marseille-Saint-Charles plutôt qu'à la clinique Sainte-Marthe de Juvisy-sur-Orge, ça peut vite faire désordre.

Charles plutôt qu'à la clinique Sainte-Marthe de Juvisy-sur-Orge, ça peut vite faire désordre. Surtout si c'est un premier, que le chef de gare endosse le rôle de la sage-femme et le contrôleur SNCF celui de l'aide-soignant.

Après, une fois Jojo sur les rails, on avise. Et si l'envie nous prend d'aller jouer les langoustes à la Barbade, on prend soin de ne pas réserver son billet via une compagnie certes low cost mais blacklistée…

WEB

La malade imaginaire

Refuge électronique de la femme enceinte et hypocondriaque, lui servant tout à la fois d'encyclopédie médicale, d'outil de dramatisation et de source d'inspiration. Chacune aura ainsi à cœur de vérifier, tour à tour, s'il est normal qu'une varice bleue et enflée soit apparue au niveau de la pliure de sa fesse gauche ; si son groupe sanguin peut être incompatible avec celui du fœtus ; si dormir sur le côté gauche implique une compression de la veine cave et « empêche le bébé de respirer » *(sic)*…

D'expérience, je recommande ici à nos lectrices qui voudraient se rassurer en toute bonne foi sur leur état et autres petits malheurs (l'énergie du désespoir, on connaît) de fuir comme la peste les forums de discussion sur lesquels surfent avec avidité autant de paranos que de primipares névrosées. Quinze minutes de navigation à lire les récits de « bibounou31 » et « angelik2012 » sur l'accouchement, la péridurale, le test sérique ou l'échographie du septième mois constituent le pire des engrais pour une imagination que nous avons – déjà ! – très fertile.

Enfin, dans le cabinet de votre gynéco, ne commencez jamais une phrase par « J'ai lu sur Internet que… » Les gynécos DÉTESTENT Internet.

WEEK-END

Et on démarre une autre histoire

Ça y est, on est vendredi. Le début du week-end. La fin du monde. Vous voilà sans filet, Julot et vous. Sans crèche, sans nounou, à califourchon sur un vélo auquel on aurait ôté les petites roues, à douze mille pieds au-dessus de la terre ferme sans parachute. Va falloir gérer et prendre son mal en patience. Intégrer le fait que c'est debout 7 heures même sans bureau, sorties obligatoires, siestes optionnelles et soirées autarciques.

Quarante-huit heures à remplir, quand on n'est plus deux mais trois, paradoxalement, ça peut être très long. Jadis, on n'aimait rien tant que de laisser filer le temps, se hâter pour une séance ciné de dernière minute, s'improviser un plateau-télé italien devant *Koh-Lanta*. Là, crispé par la peur du vide sidéral (et sidérant), on établit mentalement un programme inamovible.

Samedi matin : marché, pressing, poste avant que ça ferme, et confection de purées maison pour la semaine. On se garde la pharmacie pour l'après-midi, ça fera une sortie utile avec but prédéfini. Pendant la sieste de Jojo, tri des fiches de paye de la nounou et remplissage assidu des feuilles de soins qui s'accumulent. En fin de journée, après le bain, apéro (festif ?) avec Julot, à prolonger le plus possible histoire d'arriver tranquillement jusqu'à 20 heures.

> Jadis, on n'aimait rien tant que de laisser filer le temps, se hâter pour une séance ciné de dernière minute, s'improviser un plateau-télé italien devant *Koh-Lanta*. Là, crispé par la peur du vide sidéral (et sidérant), on établit mentalement un programme inamovible.

Vu qu'on a mis de côté les courses à l'épicerie pour le lendemain, le frigo est quasi vide. On racle les fonds de placards : ouf ! Du quinoa et du concentré de tomate ! On se gave de chips à l'apéro et on improvise un crumble salé qui s'avèrera non comestible. Consolation du soir, espoir : on a reçu le nouveau catalogue Printemps-été de La Redoute, qu'on feuillette avec délice sous la couette, pendant que Julot s'achève sur les chaînes du câble, façon de rentabiliser sa soirée.

Dimanche : génial ! Faut absolument qu'on trie les affaires de Jojo. Séance rangement pour y voir plus clair, on prend TOUT son temps pour pas mélanger le un mois et le trois mois, et on coupe avec application les étiquettes des bodies flambant neufs qu'on avait stockés. Un heure trente de gagnée ! C'est maintenant l'heure d'aller faire le plein à la supérette. On choisit pas la plus proche, mais celle qui se trouve à cinq pâtés de maisons de chez soi en privilégiant l'effet balade. En manque soudain de mondanités, on profite du trajet à poussette pour passer deux-trois coups de fil à ses proches, ses amis, ou en tout cas ce qu'il en reste vu qu'on voit plus personne depuis six semaines. La plupart de vos potes vous ont zappés de leur listing de soirées et vos parents osent tout juste vous inviter pour le goûter. Comme c'est l'Épiphanie, vous sautez sur l'occasion : pourquoi pas une galette chez votre cousine Émilie ? Elle est véto mais adore les enfants ! Tout à la joie de ce rendez-vous dominical, vous informez Julot de la folle après-midi qui vous attend. Il geint à l'autre bout de l'appart, lui qui avait prévu de regarder la finale France-Italie du tournoi des Six Nations. Pas grave, vous irez seule et retarderez le moment du départ, faisant semblant de ne pas avoir trouvé la fève dans votre part, ce qui obligera votre cousine à réchauffer une seconde galette.

À 18 heures, trajet retour. Oh ! Des embouteillages… ! Vous auriez autrefois juré comme un charretier ; là, vous savourez le fait d'être prise au piège des trajets de retour de week-end. D'autant que Jojo pionce ferme dans son siège auto et que votre émission favorite passe à la radio. Vous êtes bien, vous êtes mère, plus rien ne compte… Mais quoi qu'il en soit, vivement lundi !

ZAPPETTE

Mon essentiel

> « À la veille d'une naissance, certains papas, mus par je ne sais quelle crainte du lendemain, investissent tout leur PEL dans un écran plasma et un home cinéma, dont ils s'empressent de tirer les câbles dans tout le logis. »

Également appelée « télécommande », la zappette devient la meilleure amie de l'homme lorsque l'enfant paraît. On s'agacera ainsi de voir Julot s'en emparer de la main gauche quand il donne le biberon de la main droite. On livrera une guerre sans merci contre le papa qui nous soutiendra que la télé n'est pas nocive pour la vue de Jojo et qu'au contraire « ça l'amuse/l'hypnotise/le calme ». On lui enjoin-

dra de baisser le volume au moment de la pub en lui demandant s'il est sourd ou s'il compte le devenir. Même chose lorsque Jojo s'exprimera par cris et que ceux-ci couvriront les palpitants dialogues entre superhéros pour lesquels Julot se passionne au lieu de jouer et d'échanger avec son fils.
NB : À la veille d'une naissance, certains papas, mus par je ne sais quelle crainte du lendemain, investissent tout leur PEL dans un écran plasma et un home cinéma, dont ils s'empressent de tirer les câbles dans tout le logis. Le phénomène se vulgarise et n'étonnera pas la maman qui, elle, demande depuis trois semaines qu'on l'aide à monter la chambre du petit.

ZIZI/ZÉZETTE

XY ou XX ?

Pour celles qui n'auraient pas encore compris, c'est Monsieur qui décide. Inutile, donc, de faire appel aux chakras ou de s'accoupler au son d'une compil d'incantations vaudou pour espérer avoir une fille et/ou un garçon. Vous donnez le X, Julot le Y… ou le X. De même, le mythe du régime sans sel/avec sel ne vaut qu'AVANT la conception. Et encore… Suivent plusieurs phases.

- La phase des paris : chacun (future grand-mère, futur grand-père, frère(s), sœur(s), ami(e)s, caissière de supermarché, brocanteur du coin de la rue…) y va de son petit pronostic. Non sans avoir demandé un peu plus tôt : « Vous savez ce que c'est ? » À la classique réponse « Non, pas encore » ou « Oui, une fille/un garçon » s'oppose le lapidaire « Un bébé ! » ou, de plus en plus souvent, « Non, on veut la surprise. » Ce à quoi je serais tentée d'ajouter : sexe connu ou sexe secret, le bébé en lui-même sera *de toute façon* une surprise.

« quand le médecin vend la mèche sans qu'on lui ait rien demandé. Genre : je slalome sur le bide de ma patiente et je réfléchis à voix haute : "Alors, alors...Est-ce qu'elle grandit bien cette petite fille... ?" Oups ! »

- La découverte : sauf examens poussés avant le cinquième mois de grossesse, la découverte du pot aux roses a lieu au cours de la deuxième échographie.

La plus longue, la plus stressante, la plus angoissante pour les parents qui brûlent de savoir si le fœtus est cul-de-jatte, pourvu d'une seule oreille, doté d'un cerveau atrophié ou tout simplement normal. Si tel est le cas – et c'est, le plus souvent, le cas –, la cerise sur la gâteau tient dans la main du médecin qui, échographe greffé à la main, est en mesure de mettre fin au suspense. « Vous voulez connaître le sexe du bébé ? — Ouiii… », répondent en chœur les parents, les yeux rivés sur l'écran. « Eh bien, c'est un p'tit gars/une princesse/un champion/une future nageuse… » (et autres pseudos ridicules).

- Ceux qui répondent « Non ! Surtout pas ! », contraignent le praticien à survoler la zone à risque (l'entrejambes, donc) et à se faire une idée tout seul dans son coin de la bonne formation ou non des petites/grandes lèvres ou du scrotum, c'est selon.
- À noter : certains parents ne sont pas raccord sur la question. De plus en plus nombreux sont ceux à vouloir faire cavalier seul dans la grande steppe du mystère. Maman ne veut rien savoir ; papa n'y tient plus. Ou inversement. Mais celui qui veut « la surprise » résistera-t-il à la tentation de cuisiner l'autre pour qu'il crache le morceau ? Et celui qui sait tout ? Aura-t-il la force de garder le secret, y compris lors du choix des prénoms ?
- Cas particulier : quand le médecin vend la mèche sans qu'on lui ait rien demandé. Genre : je slalome

sur le bide de ma patiente et je réfléchis à voix haute : « Alors, alors… Est-ce qu'elle grandit bien cette petite fille… ? » Oups ! Trop tard. Si encore il avait dit « puce »… Mais même pas.

ZYGOMATIQUES

Fais risette… !

> Reste à savoir si Jojo daignera gratifier vos amis, vos voisins d'ascenseur ou la directrice de la crèche d'un même sourire. C'est pas dit. À trois mois, et bien que pourvu d'une vision aussi nette que celle d'une taupe fan d'Albator (soit 1/10), Jojo a déjà ses têtes.

N'en déplaise aux chirurgiens esthétiques, on n'a encore rien trouvé de mieux qu'un bébé pour

repulper les muscles du visage. Les nôtres tournent plein pot depuis qu'on se pâme devant le plus infime bourrelet de notre angelot, chaque élan d'admiration sollicitant nos zygomatiques. En face de nous, Jojo, dont le premier sourire sera immortalisé avec ou sans flash, bien ou mal cadré, mais qui finira à coup sûr en fond d'écran sur notre téléphone portable. Soyez sans crainte : Julot – qui figurait jusqu'alors en bonne place dans la galerie photo de notre GSM (là avec ses lunettes de soleil, ici nous envoyant un baiser d'amour dans le creux de la main) – ne vous tiendra pas rigueur de ce putsch électronique. Et pour cause : sur son propre téléphone, le fils adoré a carrément droit à un diaporama.
Reste à savoir si Jojo daignera gratifier vos amis, vos voisins d'ascenseur ou la directrice de la crèche d'un même sourire. C'est pas dit. À trois mois, et bien que pourvu d'une vision aussi nette que celle d'une taupe fan d'Albator (soit 1/10), Jojo a déjà ses têtes. S'il aime faire risette au pizzaïolo du quartier qui lui parle en italien, c'est uniquement parce que ce dernier sent bon la calzone et le jambon de Parme. Et si d'aventure il devait sourire à la pharmacienne, qu'il boude habituellement, sans doute est-ce parce qu'il est simultanément en train de remplir sa couche avec délectation. On se gardera bien, toutefois, d'en faire la traduction à l'intéressée, trop contente d'avoir une touche avec celui qui,

dans quinze ans, viendra lui acheter des préservatifs par paquet de douze (3 fraise, 3 Coca, 3 vanille, 3 menthe) et éponger le crédit de sa maison dans le Luberon (voir PHARMACIEN).

Index

Dans la même collection :

PETIT
DICTIONNAIRE
ÉNERVÉ

DES EMMERDEURS AU TRAVAIL
Julia Zimmerlich
*

DES PROFS ET DE L'ÉCOLE
Olivier Rollot
*

DE LA SECONDE GUERRE MONDIALE
François Delpla
*

DE LA POLITIQUE
Thomas Legrand
*

DE LA FRANC-MAÇONNERIE
Patrick Lelong
*

DES ROIS ET REINES DE FRANCE
Philippe Valode
*

Dans la même collection (suite) :

PETIT
DICTIONNAIRE
ÉNERVÉ

DE TINTIN
Albert Algoud
*

DU FOOT
Vincent Duluc
*

DE PARIS
Anne-Charlotte De Langhe
*

DE LA MODE
Laurence Desbordes
*

DE FACEBOOK
Éliane Girard
*

DES ALIMENTS TOXIQUES
Franck Gigon
*

Dans la même collection (suite) :

PETIT DICTIONNAIRE ÉNERVÉ

DES HISTOIRES DE FAMILLE
Julie Zamary
*

DE LA MAFIA
Fabrice Rizzoli
*

DE NOS VIES DE CONS
Pascal Fioretto
*

DE LA LITTÉRATURE
Clotilde Alaguillaume et Héloïse Guay de Bellissen
*